BIBLIOTECA CLÁSICA

PUBLICADA BAJO LA DIRECCIÓN DE
FRANCISCO RICO

VOLUMEN 58

EPÍSTOLA MORAL A FABIO
Y OTROS ESCRITOS

ANDRÉS FERNÁNDEZ DE ANDRADA

EPÍSTOLA MORAL
A FABIO

Y OTROS ESCRITOS

EDICIÓN,
PRÓLOGO Y NOTAS DE
DÁMASO ALONSO

DISPUESTOS PARA LA IMPRENTA POR
CARLOS CLAVERÍA

CON UN ESTUDIO PRELIMINAR DE
JUAN F. ALCINA Y FRANCISCO RICO

CRÍTICA
BARCELONA

Rafael Ramos Nogales *Secretario de redacción*

Manuel Florensa Molist *Tipografía*

1.ª edición: junio de 1993
2.ª edición corregida: octubre de 1993

Blanca Marqués *Realización de la cubierta
sobre un boceto de* Manuel Florensa
Ignacio Echevarría *Coordinación*
Víctor Igual *Fotocomposición*

© 1993 de la edición, prólogo y notas: Eulalia Galvarriato de Alonso
© 1993 del estudio preliminar: Juan F. Alcina y F. Rico
© 1993 de la colección: Francisco Rico
© 1993 de la presente edición para España y América:
CRÍTICA (Grijalbo Comercial, S.A.), Aragón, 385, 08013 Barcelona
ISBN: 84-7423-582-0 rústica
ISBN: 84-7423-615-0 tela
Depósito legal: B. 26.056-1993
Impreso en España
1993. — HUROPE, S.A., Recaredo, 2, 08005 Barcelona

ESTUDIO PRELIMINAR

LA TRADICIÓN DE LA
«EPÍSTOLA MORAL»

A Dámaso Alonso, in memoriam

Sobran los dedos de la mano para contar los poetas españoles cuya valora-
ción se ha mantenido uniformemente en lo más alto a través de los siglos.
La grandeza de San Juan de la Cruz es poco menos que un descubrimiento
reciente; Góngora provocó siempre tantas iras cuantos fervores y se eclipsó
durante doscientos años; la lírica fue pertinazmente considerada la parte
menos valiosa de la producción de Quevedo... La ley del péndulo que tirani-
za la historia de las artes apenas ha eximido de olvidos y desdenes las
Coplas de Jorge Manrique, la obra de Garcilaso en bloque, ciertas odas
de fray Luis de León... A esa dichosa aristocracia pertenece la Epístola
Moral a Fabio del capitán Andrés Fernández de Andrada. Nunca, en
verdad, le han faltado los testimonios de suprema admiración. Desde Bartolomé Leonardo de Argensola, «que estimara mucho que fuera suya», y
desde los lectores contemporáneos, que juzgaban que «en el estilo y argumentos era de las cosas mejor escritas en nuestra lengua», hasta Luis Cer-
nuda, para quien importaba sobre todo su «intensidad metafísica», o hasta
Dámaso Alonso, que le rindió el homenaje de una filología tan noble como
la pasión que el poema le despertaba.

La virtud que ha hecho de la Epístola Moral un clásico sin ocasos
quizá esté en primer término en la excepcional capacidad de ser a un
tiempo perfectamente natural e inconfundiblemente literaria, en la calidad a la vez familiar y superior del talante y del tono. Dámaso Alonso
habla de la impresión de que «todo cayó en su sitio justo y con las
palabras precisas y exactas que lo tenían que decir». Es cierto. El capitán
Andrada posee el don envidiable de acompasar el lenguaje a una música
que nos suena cotidiana, casi coloquial, pero que también reconocemos
como estilizada y singular. Ni las ideas ni las imágenes pretenden des-
puntar por la originalidad: las sentimos tan elegantes como llanas, tan
reveladoras como asequibles, no insólitas mas en modo alguno triviales,
nuestras y sin embargo eminentes.

Seguimos siendo hijos del siglo XIX y no acabamos de aceptar la
literatura de otras edades si no es pasándola por filtros decimonónicos.
Del romanticismo nos ha quedado en especial el mito de la originalidad,
la vaga convicción de que la obra de arte es pura efusión del genio,

disonancia y revelación estrictamente personal, tanto más digna de estima cuanto más lejos del común de los mortales, y desde luego del común de los artistas. Esos criterios nos valen para llegar a un apaño con Góngora o Quevedo. Los fuegos artificiales del 'barroco' quieren dejarnos boquiabiertos a cualquier precio, e incluso podemos permitirnos el lujo de no entenderlos del todo y aun así no perdernos la parte más ostentosa de las Soledades *o las jácaras de don Francisco. La* Epístola Moral *nos impone ajustarnos a otros planteamientos, también de la edad de Andrada, y señaladamente del período de su formación, en el último tercio del Quinientos.*

En la literatura, gustaba entonces realzar las dimensiones generales, los rasgos que mejor se dejan enunciar en plural, y los elementos más específicamente literarios, producidos por la dinámica interna de la propia literatura. Nunca se olvidaba que la poesía no es una actividad espontánea y adánica, sino el lenguaje de una determinada convención (nadie compone sonetos, o romances, o versos libres, porque lo mueva un impulso ingénito, sino porque se arrima a una línea que aspira a prolongar y tal vez a renovar). Ni se olvidaba que el poema, por ende, puede decir mil cosas, pero antes de nada ha de confesarse a sí mismo, situarse dentro del sistema de imitaciones y emulaciones a que pertenece, y que puede mostrar mil hallazgos, pero en un cierto grado todos han de calibrarse dentro de la tradición en cuyo cauce ha nacido. Porque es ese un espacio en que ningún acierto se pierde, antes permanece como piedra de toque e incitación a otros aciertos, y en que los logros de un texto con frecuencia se suman a los de otros textos que se engarzan con él. Para los lectores extraños a la revolución romántica, contemplar el poema en la perspectiva de la literatura que compartían con Andrada enriquecía notablemente la densidad estética y semántica de la Epístola Moral. *Lo comprobaremos primero con tres o cuatro ejemplos de detalle y esbozaremos después el marco de conjunto en que podría documentarse multitud de otros casos de interés.*

I

Los contemporáneos del Capitán nos aventajaban primordialmente en la perspicacia para ver muchos versos al trasluz de uno solo. La equiparación de la vida humana con el curso del día es un universal poético o quizá lingüístico, que nos conduce hasta la misma cuna de las letras europeas. Aristóteles lo señala en Empédocles y lo generaliza como arquetipo de la metáfora por analogía: «el poeta llamará a la tarde "la

vejez del día"... y a la vejez "la tarde de la vida"» (Poética, *1745b23*).
Séneca lo descubre en otro presocrático: «Heraclitus ... "unus, inquit,
dies par omni est" ... Nihil enim habet longissimi temporis spatium
quod non et in uno die invenias...» ('Heráclito ... dijo que «un día es
igual a todos» ... porque nada tiene el más dilatado espacio de tiempo
que no se halle en un solo día'; Ad Lucilium, *XII, 7). Los poetas*
de antaño no desdeñaban la imagen por trillada, antes bien la estimaban
por su misma universalidad y por su sencilla nitidez, y se complacían
en sacarle partido compitiendo con sus predecesores en la búsqueda de
la versión más especialmente feliz.

Petrarca la persiguió durante decenios, hasta dar con una que le satisfi-
zo, con su interrogación desencantada y la respuesta de nuevas pinceladas
sombrías: «Quid enim nisi dies unus est vita haec? isque hybernus, bre-
vis, turbidus...» (Seniles, *I, III); pero ni siquiera entonces renunció a*
ir puliéndola:

> Che piú d'un giorno è la vita mortale?
> nubil' e brev' e freddo e pien di noia,
> che pò bella parer, ma nulla vale.

Es, desde luego, ese terceto del Triunfo del Tiempo *(vv. 61-63) el*
que da la pauta al todavía más hermoso de la Epístola Moral:

> ¿Qué es nuestra vida más que un breve día,
> do apenas sale el sol, cuando se pierde
> en las tinieblas de la noche fría?   *(vv. 67-69)*

Los contemporáneos reconocían en seguida la reminiscencia petrarquesca
y, justamente por captarla en tanto tal, estimaban la elegancia con que
Andrada asumía y perfeccionaba la tradición al labrar el motivo, acer-
cándonoslo («nuestra vida»), sustituyendo la mera acumulación estática
de adjetivos por la impresionista descripción de un proceso, descartando
la abstracción («pien di noia») y la moralidad explícita («che pò bella
parer...») y prefiriendo que la lección obvia nos llegara concentrada en
esa sola visión del amanecer que es también crepúsculo. Para ellos, pues,
la imagen resultaba más esencial, más intensa, porque no veían solo
los términos positivos, los elementos presentes, sino también las posibili-
dades rechazadas: leían la espléndida estrofa junto al 'borrador' constitui-
do por sus precedentes.

En casos como ése, la tradición ofrece principalmente un trasfondo

de contraste: el parentesco acentúa las divergencias, subraya cómo el poe-
ta ha conseguido la formulación más afortunada. En otras ocasiones,
tiende a reforzar las convergencias, a menudo para incoporar al texto
datos literalmente ausentes. En el sistema de la antigua poética (como
en tantos géneros y subgéneros modernos), cada asunto tenía sus loci
o modos de desarrollo propios, implicaba una serie de componentes carac-
terísticos, no solo porque así lo exigiera la coherencia o la validez del
discurso, sino también porque así lo había enseñado la práctica de los
grandes maestros. Por ahí, el simple recurso a uno de tales loci *suponía*
la evocación virtual y más de una vez el aprovechamiento tácito de los
restantes que solían irle asociados.

Tal ocurre con uno de los endecasílabos más increíblemente perfectos
de la Epístola,

augur de los semblantes del privado,

con la silueta del cortesano, «siempre temeroso, que trata de adivinar, con
miedo de que el privado esté de mal humor aquel día, atisbándole la
cara, para ver si está de bueno o malo. En el plural semblantes —*glosa*
aún Dámaso Alonso— es donde se acumula la mayor cantidad de signi-
ficado. En ese verso, la materia queda comprimida, obligada a rendir
la máxima suma de contenido». Conviene añadir que la tradición desem-
peña un papel irremplazable para condensar en once sílabas esa reverbe-
rante «suma de contenido».

Devolvamos el verso a la secuencia en que aparece:

> Más quiere el ruiseñor su pobre nido
> de pluma y leves pajas, más sus quejas
> en el bosque repuesto y escondido,
> que agradar lisonjero las orejas
> de algún príncipe insigne, aprisionado
> en el metal de las doradas rejas.
> Triste de aquel que vive destinado
> a esa antigua colonia de los vicios,
> augur de los semblantes del privado.
> Cese el ansia y la sed de los oficios,
> que acepta el don, y burla del intento,
> el ídolo a quien haces sacrificios.   *(vv. 46-57)*

Un cómodo punto de comparación puede brindárnoslo un pasaje de Pe-
trarca que contrapone las delicias del apartamiento y las miserias de quie-
nes 'rondan las cortes y los palacios reales':

alienis negotiis occupantur, alieni nutus arbitrio reguntur, et quid agere illos oporteat in aliena fronte condiscunt. Omnia illis aliena sunt: alienum limen, alienum tectum, alienus somnus, alienus ci- bus, et, quod est maximum, aliena mens, aliena frons; non suo iudicio flent et rident, sed abiectis propriis alienos induunt affec- tus ... Equidem inter hos et perpetuis dominorum ac regum car- ceribus addictos quid intersit nescio, nisi quod illi ferreis, isti aureis compedibus vincti sunt... (*De vita solitaria*, I, III).

('atienden a los negocios ajenos, se rigen por el ceño ajeno, y en el semblante ajeno aprenden lo que deben hacer. Todo lo suyo es de otros; de otros el umbral, de otros el techo, de otros el sueño, de otros el alimento, y peor aún, de otros el ánimo, de otros el semblante: no lloran ni ríen de por sí, sino que hacen a un lado sus sentimientos y se revisten de los ajenos ... Cierta- mente, no sé en que se distinguen de los condenados a perpetui- dad en las cárceles de los magnates y de los reyes, salvo en que a los unos los apresan cadenas de hierro y a los otros de oro...').

De ningún modo hay que pensar que también ahora Andrada tuviera presente a Petrarca. A Petrarca lo alegamos aquí por su posición central en la literatura de Occidente, y el fragmento transcrito nos vale para apuntar en breve cómo se vinculan unos a otros los loci *y los motivos propios de cada asunto. Al 'menosprecio de corte', así, iba regularmente aneja la 'alabanza de aldea' y de la 'vida retirada', como sucede en los citados tercetos de la* Epístola *y más por largo en todo el libro del que hemos extraído la página petrarquesca. Pero, a su vez, del repertorio tradicional de materiales para tratar el 'menosprecio de corte' formaban parte los dos subtemas que aparecen contiguos tanto en el autor español como en el italiano: las prisiones de oro del pretendiente y la mirada siempre vuelta a interpretar el rostro del señor.*

El verso que nos deslumbra, «augur de los semblantes del privado», como la frase paralela en el De vita solitaria *(«quid agere illos oporteat in aliena fronte condiscunt»), probablemente arranca de la cínica exhorta- ción del Estróbilo plautino a leer en su rostro los deseos del amo; «ut quod frons uelit oculi sciant»* (Aulularia, IV, I: 599). *Pero lo importan- te aquí es percibir que nos las habemos con un rasgo que suele ir enlaza- do a una secuencia más amplia, y en concreto a la semblanza de una figura artísticamente fecundísima: el* cliens, *cortesano o siervo obsequio- so, troquelado en la comedia y la sátira grecolatinas, y con larga descen- dencia en la literatura medieval y renacentista de* curialium miseriis.

Pues bien, la «suma de contenido», la concentrada locuacidad del verso en cuestión tiene que ver en buena medida con el hecho de que, al identificarlo como vigorosa recreación de un topos referido a tal figura, se nos hace inevitable descifrarlo proyectando sobre él los otros motivos que habitualmente lo acompañan. El cotejo con el pasaje petrarquesco que hemos aducido, por ejemplo, nos insinúa que nuestro «augur» no simplemente escudriña «los semblantes del privado», sino que los refleja, los copia en el suyo, vaciándose de toda personalidad, sacrificándosela a su patrón o protector («aliena mens, aliena frons», «abiectis propriis alienos induunt affectus»). El devoto de Juvenal, pongamos, se inclinará a imaginar una situación acorde con la proverbial jornada del parásito, desde que madruga a dar los buenos días a su señor, «rex», «deus aut similis dis» (V, 130 y ss.), hasta que le ronda la puerta mendigando una invitación a cenar, siempre pendiente del humor que le revele el gesto más leve y pronto a cambiar humillaciones constantes por pequeñas recompensas: «que acepta el don, y burla del intento, / el ídolo a quien haces sacrificios...». La capacidad sugestiva del autor (nunca se ponderará bastante la economía y la eficacia del plural semblantes) ha de aliarse con la cultura literaria del lector. Pero, sea como fuere, el ámbito significativo del verso puede extenderse en la misma medida en que el caudal de la tradición venga a refluir sobre el texto que la ilustra en un solo punto.

Tradición no es traición. No se falsea la intentio auctoris por descubrir aquí o allá connotaciones que el poeta quizá no había tomado en cuenta de forma deliberada: si no pensaba en esas precisamente, sí apuntaba a otras cercanas, nos dirigía a las coordenadas comunes a todas ellas. Tanto el sentido literal como el figurado necesitan el contexto y código de la tradición. Pensemos en dos tercetos del comienzo:

> El ánimo plebeyo y abatido
> elija, en sus intentos temeroso,
> primero estar suspenso que caído;
> que el corazón entero y generoso
> al caso adverso inclinará la frente
> antes que la rodilla al poderoso.   (vv. 7-12)

El primero nos hace dudar, mientras no tenemos a la vista cierta sentencia de Séneca: «Nemo tan timidus est ut malit semper pendere quan semel cadere» (Ad Lucilium, XXII, 3). El segundo quizá nos desconcierta más. Estamos tan habituados a entender corazón (v. 10) como sinónimo de ánimo (v. 7), y uno y otro como sinécdoque de 'hombre,

*persona', que nos exige un cierto esfuerzo reparar en que en rigor ahí
se está diciendo que el* corazón *tiene* frente *y rodilla; y una vez averi-
guado que es así, ese lenguaje metafórico puede satisfacernos más o menos (de escándalos neoclásicos, si acaso, nos curará recordar que el Antiguo Testamento habla del «praeputium cordis» y Miguel Hernández
de «los c... del alma»). A los lectores de otro tiempo, en cambio, 'la
rodilla del corazón' podía escapárseles en tanto expresión metafórica justamente por demasiado familiar: las fuentes bíblicas y devotas y la misma lírica romance les habían enseñado a rezar «flecto genu cordis mei»
(según se hace en la* Oratio Manassae *de la Vulgata), «con le ginocchia
de la mente inchine» (como en la más célebre canción del poeta que
nos viene prestando un hilo de Ariana, CCCLXVI, 63). Para que no
se les escapara —conjeturamos—, Andrada devolvió al modismo su fuerza originaria por el mero hecho de sacarlo de los entornos religiosos que
le eran propios y, sobre todo, por ampliarlo con un factor menos usual,
la mención de la* frente.

Pero ningún momento de la Epistola Moral *pide con más apremio
la luz de la tradición que el cuarteto que cierra el poema:*

> Ya, dulce amigo, huyo y me retiro
> de cuanto simple amé: rompí los lazos.
> Ven y sabrás al grande fin que aspiro,
> antes que el tiempo muera en nuestros brazos.

*El verso final en particular se ha grabado indeleble en la memoria poéti-
ca de España, pero no siempre con el adecuado entendimiento. No se
equivocaba Dámaso Alonso al explicar que el tiempo muere en nuestros
brazos porque la muerte separa «el tiempo medible» y «la eternidad
inmensurable». Pero sí es inexacto dar por sentado que nos encontramos
ante «una personificación del tiempo convertido en algo tangible que sentimos desvanecerse o morir mientras lo estrechamos en nuestros brazos»
(según la interpretación que José-Carlos Mainer atestigua, para rechazarla con finura, como predominante hoy).
Al fondo del maravilloso endecasílabo está más bien una de las dos
o tres imágenes verdaderamente seminales en la historia de la cultura
occidental: la visión del hombre como un mundo en pequeño, como un
microcosmos que repite, refleja o resume cuanto pueda hallarse en la
totalidad del universo. La analogía, tomada también a la letra, fecundó
campos tan varios como la medicina, la arquitectura o la política. Pero
la literatura la aprovechó con el impar fervor que puede presumirse en*

cuanto se cae en la cuenta de que la metáfora microcósmica es en cierto sentido la madre misma de todas las metáforas, o cuando menos de las infinitas que predican alguna correspondencia entre una criatura humana y el resto de la creación.

La Epístola, desde luego, la aplica o la postula reiteradamente, en distintos grados: tanto cristalizada en formulaciones concisas, como al equiparar la vida y el día (vv. 67-69) o el aura y la virtud (vv. 160-165), cuanto presidiendo desarrollos que articulan y orientan el poema entero. Protesta Andrada, verbigracia, de que se piense que el hombre ha nacido

> para sulcar el piélago salado,
>   para medir el orbe de la tierra
> y el cerco por do el sol siempre camina...

En realidad, la razón, «nuestra porción alta y divina», está llamada y debe dirigirse a «más nobles objetos», a descubrir en nosotros mismos el destello de la divinidad:

> Así aquella que a solo el hombre es dada
> sacra razón y pura me despierta,
> de esplendor y de rayos coronada;
>   y en la fría región, dura y desierta,
> de aqueste pecho enciende nueva llama,
> y la luz vuelve a arder que estaba muerta.

Todo el pasaje (vv. 100-114), uno de los núcleos en que más nítidamente se definen el sentido y los principios configuradores de la Epístola, está transido por el juego de concordancias y discordancias entre macrocosmos y microcosmos. En las huellas de San Agustín y de una tradición milenaria, otra Epystola, también ahora de Petrarca (II, III, 57 y ss.), arremetía contra quienes inquieren los secretos de los astros, miden los cielos, las tierras, los mares, ...y descuidan conocerse a sí mismos:

> Invenies aliquos astrorum arcana professos
> metirique ausos celum terrasque fretumque,
> ignaros quo nostra tamen corpuscula limo
> subsistant, seu quis clausus sit spiritus umbris.
> Heu furor, heu funesta lues, heu flebilis horror:
> omnia malle hominum quam se discernere...

No otra cosa, y en no otra senda, dice Andrada: yerra quien se empeña
en escrutar el mundo mayor y olvida el mundo menor pero más importante que él mismo es; ahí, dentro de nosotros, en nuestra alma, imagen
de Dios, sede de la auténtica dignitas hominis, están esos «más nobles
objetos» que deben ocuparnos. En los versos de Petrarca (y en otras innumerables apelaciones al topos) el paralelismo microcósmico es tan firme
como en los de Andrada, pero el capitán lo hace más conspicuo por
la complacencia en caracterizar el correlato humano en los términos del
macrocosmos. En la Epístola Moral, en efecto, la razón llega coronada
«de esplendor y de rayos» a traer «la luz» y encender «nueva llama»
en la «fría región» del «pecho», no por caprichosa ornamentación poética,
sino de acuerdo con un preciso sistema conceptual, y en primer lugar
porque los estoicos habían rastreado las concomitancias entre el hombre
y el mundo subrayando que la razón desempeña en el uno la misma
función que el sol en el otro: «Sol..., mens mundi..., ut cuncta sua luce
lustret et compleat...» (Somnium Scipionis, IV, 17).

Pues a ese mismo dominio nos remite «el tiempo en nuestros brazos».
Según el pensamiento microcósmico, y como enseñaba, por ejemplo, el
Doctor Villalobos, «ningún movimiento de cuerpos corruptibles hay en
toda la universidad de natura que así parezca al movimiento de los cuerpos celestiales como es el movimiento del corazón y de las venas pulsan-
tes, porque... muévese el corazón según sus partes, no mudando su lugar,
como el cielo, y muévense los pulsos con el movimiento del primer móvi-
le, que es el corazón, y muévelos a todos un movedor que no es móvi-
le...». Por ahí, el tiempo marcado en el universo por el girar de los
astros tiene trasunto en el hombre en el latir de la sangre; y en los
pulsos, pues, se hacen sentir las «dimensiones temporum» (Petrarca, Contra
medicum, III). A decir verdad, los pulsos registran los tiempos de forma
comparable a las efemérides o tablas astronómicas, con tanta certeza
como constataba don Miguel de Cervantes en el lecho de muerte: «Mi
vida se va acabando, y al paso de las efemérides de mis pulsos, que,
a más tardar, acabarán su carrera este domingo, acabaré yo la de mi
vida» (Persiles y Sigismunda, Prólogo).

La lengua castiza traduciría «antes que el tiempo muera en nuestros
brazos» por 'antes de que se nos paren los pulsos', y el jovencísimo Picas-
so de «Ciencia y caridad» (1897) lo plasmaría en la escena del médico
que tienta la muñeca del moribundo. La atrevida metáfora, la personificación gratuita que los modernos han querido reconocer debe ceder el
puesto a una imagen más reglada, menos visionaria, pero no menos atractiva
y grandiosa. Porque, leído a zaga de la tradición, el verso final cobra

mayores dimensiones y entra más significativamente en la andadura del poema. El capitán Andrada exhortaba a Fabio y se exhortaba a sí mismo a vivir de conformidad con la naturaleza y a «aprender a morir» (v. 83) distinguiendo en el sucederse de las estaciones, en el madurar de los frutos, las leyes inscritas en el universo por «aquella inteligencia que mesura / la duración de todo a su talento» (vv. 146-147). Ahora, cuando el pulso humano se pone en relación con el latido de los astros, vuelve a apuntársenos que esas leyes, a la vez físicas, éticas y religiosas, también se disciernen fácilmente en nosotros mismos. En nuestros propios brazos podemos comprobar, por encima de todo, «que está unida / la cauta muerte al simple vivir mío» (vv. 74-75), y que es preciso, por tanto, que «la humana prudencia ... mida y comparta y dispense ... la vida» (vv. 151-153), según las normas supremas y eternas que gobiernan la creación entera. En el último verso, por ahí, se hace presente toda la dinámica de ajustes y desajustes entre el mundo menor y el mundo mayor (llámese cosmos, naturaleza o sociedad) que en tantos trechos orienta el curso de la Epístola Moral.

2

Petrarca, creador, pensador y estudioso, poeta en latín y en romance, padre del Renacimiento, nos ha prestado en las páginas anteriores un útil punto de referencia para ejemplificar y compendiar en un solo nombre la tradición que Andrada y sus primeros lectores tenían por más propiamente suya. También a él, pero ahora con énfasis más singular, hay que remontar la resurrección, después de la edad clásica, de la especie literaria que el capitán sevillano cultivó con tan magnífico tino: la epístola en verso de contenido moral. Las Epystole *petrarquescas (así, sin más, las tituló el autor, al modo de Horacio) inauguran un género en el que confluyen la nueva expresión de la intimidad del poeta —dentro de lo posible en una estética que no busca precisamente la vivencialidad— y la afirmación de unos valores éticos incorporados al linaje de la filosofía moral que engloba y difunde el Humanismo.*

> Affectus animi varios bellumque sequacis
> perlegis invidie curasque revolvis inanes...
>
> ('Leerás las varias pasiones de mi alma y los combates del odio obstinado y repasarás mis vanos afanes...')

Cierto, las varias pasiones, las luchas interiores entre deseo y razón, se llevan buena parte de la compilación poética que se abre con ese exordio, en la primera de las Epystole *de Petrarca, enderezada, como el conjunto del volumen, a Barbato da Sulmona. Especialmente la pasión erótica y el afán de gloria, así como las virtudes estoicas de la* mediocritas, *la vida sencilla, la soledad consigo mismo, van desfilando en los momentos más perdurables de esas cartas de circunstancias y destinatarios diversos, que tienden a fluir en una lengua suelta y coloquial, cercanas a la conversación y a la misiva en prosa.*

De Petrarca en adelante, la epístola en hexámetros sobre asuntos morales, junto al sermo *horaciano, formó parte esporádica pero creciente del repertorio poético habitual del humanismo italiano y europeo. En los aledaños del 1500, el género se consolidó y siguió ya dando ininterrumpidamente frutos valiosos, gracias a una serie de textos particularmente memorables. En latín, hay que contar entre ellos la carta de Iacopo Sadoleto a Octavio y Federico Fregoso, y el elogio de la vida rústica «Ad Franciscum Turrium Veronensem», entre el epistolario métrico de Girolamo Fracastoro. En romance, antes de llegar a los logros de Luigi Alamanni, Juan Boscán, Clément Marot o Thomas Wyatt, importa registrar los tanteos de Maquiavelo y Ariosto para orientar el* capitolo *—es decir, el poema de tercetos— hacia «un estilo de poesía discursiva, moral y a la postre satírica», o, en resumidas cuentas, hacia una forma de epístola «de cuño horaciano» (como subraya Carlo Dionisotti), que desplazara la simple carta de amores en* terza rima *que hasta la fecha, a la sombra de Ovidio, había tenido largo éxito en Italia (y ni siquiera había faltado en España ya antes de Garcilaso).*

En el Renacimiento la epístola horaciana se siente como equivalente al «sermo» o sátira. Lodovico Dolce en el Discorso sopra le Epistole *de 1559 distingue tenuemente los dos géneros: «Sì come Oratio intitolò le satire "sermoni", così le seguenti nomò "epistole", per essere scritte a persone lontane. Nelle satire fu la sua intentione di levare i vitii dal petto degli huomini, e in queste di piantarvi le virtù». Las epístolas son iguales a las sátiras con la diferencia de que van dirigidas a un personaje lejano y tienen una expresa voluntad didáctica. Por eso un poeta neolatino como Michel de l'Hospital puede titular su recopilación de poemas morales escritos entre 1558 y 1567* Epistolarum seu sermonum libri VI *(París, 1585). Esta indistinción entre* sermo *y epístola horaciana será una constante en la aclimatación del género en España.*

Es importante señalar, por otro lado, que la historia de la epístola horaciana está ligada a la divulgación del pensamiento estoico. Especialmente a partir de la segunda mitad del siglo XVI y gracias al mayor conocimiento y difusión de las fuentes estoicas griegas por esas fechas, la filosofía del Pórtico colorea el pensamiento ético de toda la literatura europea, al arrimo de los escritos de Justo Lipsio. En España, el interés por el estoicismo se manifiesta, por ejemplo, en las traducciones castellanas de Epicteto. Epicteto era conocido desde finales del siglo XV sobre todo por la traducción latina del Enchiridion *o* Manual *que hizo Poliziano. Pero su auténtica divulgación se da con las traducciones romances, de las que tenemos una de mediados de siglo por Álvar Gómez de Castro (Biblioteca Nacional, Madrid, ms. 9227, ff. 283 y ss.) y la más conocida de Francisco Sánchez de las Brozas. Ni la* Epístola Moral a Fabio, *que en el verso 135 remite a Epicteto como paradigma de filósofo moral, ni muchos otros textos serían ni siquiera pensables sin esa difusión del esclavo filósofo.*

Los tópicos esenciales del estoicismo se convierten en claves básicas para entender la poesía moral castellana hasta el barroco. Su ética parte de la concepción de las cuatro pasiones o errores del vulgo, de lo que Andrada llama «el ánimo plebeyo» (v. 7) o «la opinión vulgar» (v. 45): amor, odio, esperanza y miedo. En Andrada, concretamente, estos vicios estoicos se expresan en la figura del «temeroso» (v. 8) y en el que vive en las «esperanzas [cortesanas]» (v. 1) «y espera» (v. 62). Frente al hombre sometido a ese estado de pasión que incluso varía según la geografía y el clima y que el estoico concibe como una falta física de equilibrio interior o temperancia (o como dice Andrada: «sin la templanza ¿viste tú perfeta / alguna cosa?», vv. 181-182), se levanta la figura del sapiens, *el hombre que por su triunfo moral sobre sí mismo y sus pasiones se hace igual a los dioses. El sabio está defendido por las cuatro virtudes cardinales y la* apatheia; *vive conforme a la naturaleza, que es siempre perfecta; o, como dice Andrada, «iguala con la vida el pensamiento» (v. 58), conoce «cuanto debe / naturaleza al parco» (vv. 130-131). Esa parquedad natural se basa en unas normas cercanas al ascetismo. La* cosmopolis, *el mundo ideal del estoico, es equivalente a la vida en la primigenia Edad de Oro. Especialmente en la versión senequista del estoicismo se hace hincapié en la vida contemplativa, lejos de la* opinio vulgar, *en el apartamiento, aunque la virtud también es posible en la vida pública y activa. Pero esta vida contemplativa es también una forma de ayuda al prójimo y de actividad social en última instancia. Por último, uno de los rasgos característicos del sabio está en su capacidad de practicar la verdadera amistad, definida como una unión intelectual o comunión de dos espíritus que comparten los mismos valores, forman como la media parte uno de otro y se enriquecen mutuamente.*

El camino hispano de la epístola moral se inicia con Garcilaso y su

Epístola a Boscán (1534), texto híbrido de sátira y epístola o, según señala Claudio Guillén, ejemplo de cómo «la sátira y la epístola constituyen una polaridad ideal o teórica, y, por tanto, se complementan y solicitan mutuamente». Como para Michel de l'Hospital, para Garcilaso sermo y epístola son dos géneros entrelazados y sus tonos y estilos se entrecruzan.

Cronológicamente, después de la de Garcilaso encontramos las epístolas que se intercambian Boscán y Hurtado de Mendoza. En el siglo XVI, serán ellas los modelos de epístolas morales más famosos y más leídos del género, y su influencia textual se puede comprobar en la poesía de fray Luis de León, en los «Sermones» de Pacheco que trataremos después y naturalmente en la obra maestra del capitán Andrada.

Ambas epístolas toman su inspiración de Horacio (especialmente Epist. I, 6, que en la divulgada edición de Glareanus [1543] lleva como epígrafe: «Normam uiuendi tibi monstrat sexta [epistula] Numici»), para presentarnos sus versiones de la medianía y la vida del hombre bueno y justo: como ideal al que se aspira en Diego Hurtado de Mendoza y como realidad en su tranquilo matrimonio y pasar apacible en su casa de campo en el texto de Juan Boscán.

En una y otra, la influencia del estoicismo horaciano es fuerte, aunque en Boscán se conjuga con elementos neoplatónicos del Cortesano de Baltasar Castiglione. Lo importante, sin embargo, es que ambas presentan por primera vez en España el esquema de la epístola moral en dos partes: una primera de carácter general en la que se ofrece el retrato del sabio enfrentado a las necedades del vulgo, y una segunda de carácter particular en la que se describe la aplicación práctica de las normas en el apartamiento de la vida rústica. La misma estructura en dos partes la volveremos a encontrar, aunque con matizaciones y variaciones en sus contenidos, en Aldana, Pacheco y sobre todo en la Epístola Moral a Fabio.

Hurtado de Mendoza tiene además una pequeña colección de epístolas en tercetos en las que expresa la intimidad de sus pensamientos y deseos: la pasión amorosa y sus errores, los ideales de medianía y templanza estoica, los consejos que da a don Luis de Zúñiga sobre quien sirve a señor y cómo combinar tal situación con la paz de espíritu, etc., etc. Mezcla todo ello con pequeñas pinturas de viajes y postales de ciudades, como Barcelona, Venecia o Siena, o personajes y costumbres. Son epístolas llenas de humor, en estilo humilde, como dignas herederas de las de Horacio y Petrarca. Falta en ellas, sin embargo, el fuerte tono moral que encontramos en la correspondencia con Boscán. Este tipo de epístolas *en verso tendrá su continuidad en una línea que va desde las epístolas de Cetina a la* Carta a don Juan de Albión *de Lupercio Leonardo de Argensola; pero esa es una línea tangencial a la epístola moral que nos interesa aquí.*

En la segunda mitad del siglo XVI, *en España, el género de la epístola moral y el* sermo *aparece sobre todo entre los poetas neolatinos: así en Hernán Ruiz de Villegas (hacia 1510 - después de 1571), autor de tres* sermones *horacianos; en Juan de Verzosa (1523-1574, que tiene una recopilación de* Epistulae *en verso (Palermo, 1577); en el sevillano Francisco Pacheco (1535-1599), autor de un precioso* sermo *estoico en dos partes; y en Jaime Juan Falcó (1522-1594), a quien se debe una colección de* Satyrae *a zaga de los* sermones *del venusino.*

Ruiz de Villegas es sin duda el primer autor latino que escribe sermones *en España. Querríamos resaltar únicamente dos de estos poemas, el segundo y el tercero, que tratan específicamente temas éticos. El segundo de los* sermones *de Hernán Ruiz de Villegas lleva por rótulo* «Ad Joannem Pesqueram. Homines non esse nisi qui docti sunt. SERMO». *El tema moral «Sólo son hombres quienes han recibido educación» sobre el que 'conversa' Villegas podría surgir de frases como la de Petrarca en el prólogo al* De vita solitaria: *«ferox ... animal est homo ... nisi de homine vir esse didicerit», y remite a la concepción del valor y dignidad del hombre (*de hominis dignitate*) que difunde el humanismo. Una concepción que llega incluso a la* Epístola Moral *a Fabio y se esconde, por ejemplo, tras el escueto «ni el nombre de varón ha merecido» del verso quinto.*

Al parecer, Pesquera, al hilo de uno de los topoi *más característicos de esa tradición, sostenía que sólo es hombre el que puede erguirse a mirar al cielo y despreciar las cosas de la tierra. Villegas se burla de la idea y asegura que ni nuestra forma ni nuestra posición erecta nos hacen hombres. Por el contrario:*

> ...Ratio et sapientia uiles
> In loca mortales deducunt proxima diuis,
> Humanosque docent; homines unde ordine dicti
> Moribus humanis faciles, comesque, benignique,
> Et qui doctrina et musarum dotibus aucti,
> A stolido distant pecore, et se nubidus abdunt.
> Attamen haec quae nos ratio caelestibus infert,
> Igniculos duce natura licet ardua nostris

Accendat quandoque animis, quibus insita recti
Semina, naturam ad frugem perducere honesti
Possemus; nequit ipsa tamen, nisi culta, fauillam
Elicere, ignauo cinerum torpore situque...   (vv. 22-33)

('La razón y la sabiduría elevan a los viles mortales a lugares próximos a los dioses y los forman como humanos; de ahí que los
hombres han sido llamados según corresponde —debido a sus hábitos humanos— sociables, amables y benignos, y los que han
sido enriquecidos por la doctrina y dones de las musas, se alejan
de la grey estulta y se apartan hacia los cielos. Pero aunque este
raciocinio que nos lleva a los cielos, guiado por la naturaleza, en-
cienda dificultosamente a veces los fueguecillos de nuestras almas,
en las que están colocadas las semillas de lo recto, a pesar de ello
podríamos llevar a su madurez la naturaleza de lo honesto; sin
embargo, él mismo no puede, si no es cultivado, despertar la llama, por la indolente torpeza de las cenizas y el lugar.')

*Villegas nos presenta una teorización filosófica a partir de conceptos hu-
manísticos basados en el estoicismo, y en especial en el concepto de los
logoi spermatikoi o semina y rationes insitae (como los llaman Cice-
rón y San Agustín) que contienen en germen todo lo que después se desa-
rrollará. El alma del hombre tiene también una razón seminal, pues es
una parte del logos o mente divina, pero sólo si se cultiva podrá desarrollarse. La tradición del género lleva las mismas nociones hasta Andrada,
y, por ejemplo, el «enciende nueva llama» de la Epístola Moral (v. 113)
no es cosa distinta del «fauillam/elicere» del poeta hispanolatino.*

*El tercer poema de Villegas se titula «Ad Antonium Valdelomarum.
De utilitate ab inimicis capienda, ex Plutarcho. SERMO». Quizá,
como señala Villoslada, tuvo presente para este sermo la traducción de
su abuelo Pedro Fernández de Velasco del tratado ético de Plutarco De
la utilidad que se recibe de los enemigos. Se trata de un poema
lleno de humor sobre lo útiles que son los enemigos para el sapiens,
el hombre sabio y honesto.*

*En conjunto, los sermones de Villegas son juegos más o menos sofis-
ticados sobre paradojas de la doctrina estoica. Por su tecnicismo se alejan
un poco de lo que encontramos en poesía romance; sin embargo, son
importantes para perfilar la andadura hispana del tipo de poesía moral
que estudiamos.*

*Juan de Verzosa tenía preparada su colección de cartas para publicarla
en 1569; la impresión no se hizo entonces y el volumen apareció póstu-*

mo en 1577 (aunque la portada lleva la fecha de 1575). Son epístolas horacianas, en hexámetros, sobre inquietudes íntimas, enderezadas a una larga serie de humanistas, diplomáticos y eclesiásticos de uno y otro lado de los Alpes. Su gestación se extiende por lo menos durante diecisiete años. En ellas la realidad de Roma, las noticias y comentarios sobre política europea, la nostalgia de España, forman uno de los principales puntos de referencia. No faltan ciertas notas de humor, como la carta a su criado (XLIII), pero el contenido de fondo es la meditación ética: sus propias ambiciones y sus errores al alejarse del justo medio (como en la carta a Bernardino Gómez Miedes, XV); la vida de afanes del cortesano en Roma (como se pinta en la carta a Antonio Polo, VII, o en la que escribe a Pedro Juan Núñez, LXXXVII). Son cartas a veces amargas, en las que confiesa la ambición que lo ha llevado a Roma. Al mismo tiempo reflejan su frustración al no haber llegado más lejos en su carrera. En conjunto constituyen un espléndido testimonio en vivo y en detalle de las «esperanzas cortesanas» de que nos habla en trazos breves y esquemáticos la Epístola Moral a Fabio. *El pensamiento estoico surge constantemente, en especial en las* sententiae *con que empiezan muchas de sus epístolas: la crítica al valor de la nobleza de linaje frente a los propios méritos (en la carta a Pedro Fajardo, XCVI), el elogio del apartamiento y de la vida contemplativa de estudio en la dirigida a Francisco Comendone (XCVII) o en la que dedica a Fulvio Ursini (CXVIII), la importancia de la amistad (en la carta a Antonio Ulpo, CXXXIV), etc., etc.*

Hacia los años setenta se escriben dos textos esenciales en la tradición de la epístola moral: la Carta... *para Arias Montano del capitán Aldana y los* De constituenda animi libertate ad bene beateque uiuendum sermones duo *del canónigo Francisco Pacheco. Ambos responden a una misma actitud de desánimo y rechazo ante un mundo exterior amenazante y confluyen en una búsqueda interior en el apartamiento. Este ideal de vida retirada lo han puesto de moda desde los años sesenta Benito Arias Montano y Álvaro Lugo, uno en la Peña de Aracena y el otro en los montes de Segovia. En torno a Álvaro Lugo, a quien acompaña Felipe Ruiz, se genera la poesía al apartamiento de fray Luis. En torno a Montano se escriben la epístola de Aldana y los sermones de Pacheco. Sermo en latín y epístola moral en castellano se hacen una vez más equivalentes para tratar esta forma de libertad interior que ofrece como paradigma el* sapiens *estoico de la Peña.*

Cronológicamente el texto más antiguo y más amplio es el de Pacheco. Escrito hacia 1573-1575, el poema se presenta como consolatoria a

Pedro Vélez de Guevara, que sufre una seria enfermedad. En la primera parte o sermo primus, *Pacheco, como el Luis Vives del principio del* De subuentione pauperum, *explica el origen de la pobreza y de la degradación del hombre a partir de la Edad de Oro, que se hace coincidir con la vida en el Paraíso bíblico. El hombre en la dorada edad de Saturno vivía en libertad, bebiendo agua pura y alimentado simplemente de bellotas, las mismas que despiertan la imaginación de Don Quijote para su discurso (I, 11). El hombre no conocía entonces las costas vecinas, ni las aguas que descubrió el amor al oro. «No se vieron privanzas de reyes, amenazas, negativas fáciles; no el honor puesto en venta ni la loca pasión por la mitra. Antes bien había ... honesta sencillez y almas con conciencia de lo justo; y la santa Astrea habitaba las reuniones de los hombres» (vv. 42-46). Pero el afán por poseer y la impiedad destrozaron los siglos de oro y la virgen Astrea, la justicia, abandonó a los hombres. Apareció entonces la pobreza y el derecho con sus leyes. «Y no contento con su lar propio, corre el mercader al país de los indios, o navega a las riberas del Occidente, a través de ... tantos peligros del mar, para sufrir buscando piedras preciosas» (vv. 82-85). La libertad se envileció, y «junto con la libertad se alejó entonces la virtud de la Edad de Oro; por ser incapaz de engañar, no tener interés en procurarse oro, no ser apta para dirigir causas y negocios, desconocer la adulación, contentarse con un hábito sencillo, vivir para sí, no buscar aprobaciones vanas y evitar los palacios reales y las altas mansiones, los hombres la enviaron a un destierro lejano ... y decidieron que una máscara vana y una sombra de virtud les bastaba para poder de vez en cuando rendir tributo a la escena y fingir, y recubrir sus maldades con nombres de hermosa apariencia» (vv. 97-107). La misma ilación de ideas expresa más densamente Andrada en los versos 25-30. La huida de Astrea es símbolo en ambos poetas de la desaparición de la Edad de Oro. La consecuencia es la aparición de la pobreza, la injusticia, el afán por acumular riquezas a través de los viajes. Andrada lo expresa en tres conceptos: «El oro, la maldad, la tiranía», pero detrás de ellos se esconden las mismas ideas que explaya más difusamente Pacheco. Y, naturalmente, ambos, como una continuación lógica del tópico, acaban preguntándose por la virtud.*

En la secuencia siguiente Pacheco pasa a analizar lo que es la nobleza, la majestad de los altos linajes y sus crímenes frente a los que coloca al verdadero hombre bueno y noble, el humilde campesino. Para Pacheco, después de la Edad de Oro, creció también la majestad de los reyes; con ellos surgieron las guerras, la muerte, las cadenas y los azotes:

His etiam creuit maiestas inclyta regum
auspiciis subiitque animos reuerentia sceptri,
nam qui in se motus animi sensere procaces
et didicere suis seruire affectibus ultro,
iam dociles sufferre iugum legesque pudendas
corporis imperiumque immani mole superbum,
externos etiam facile admisere tyrannos.
effera tum primis crudescere saecula bellis
coepere et regno gentes frenare repostas...   *(vv. 113-121)*

('Tras estos principios creció además la insigne majestad de los
reyes, y la reverencia al cetro sometió los espíritus. Y es que los
que experimentaron en sí las pasiones desenfrenadas del espíritu
y aprendieron a hacerse libremente esclavos de sus gustos, dóciles
ya para soportar el yugo del cuerpo, sus groseros instintos y la
inmensa mole de su soberbio imperio, admitieron también, sin
dificultad, tiranos extranjeros. Entonces comenzaron aquellas ge-
neraciones feroces a ensañarse en las primeras guerras, y a sujetar
a pueblos alejados bajo su dominio'.)

*Después nació la institución de la esclavitud y lo que es peor, la nobleza,
a la que el vulgo necio consideró ilustre, surgida de los crímenes, de
la rapiña y de la guerra. El vulgo, por el contrario «estimó faltos de
linaje a quienes, sin haber derramado una gota de sangre, pasaban los
años en inocente y fecunda paz y obtenían sin engaño los productos
de la tierra... Bien provechosa fue esa estirpe para el género humano»
(vv. 147-155).*

*El texto, como muchos de la misma tradición genérica, pulula en
convergencias con Andrada. Como él, así, Pacheco presenta al noble y
cortesano «aprisionado / en el metal de las doradas rejas»* (Epístola
Moral, *vv. 50-51), y evoca cómo lo «burla ... el ídolo a quien hace sacrificios»:*

Admiratur item uulgus quos beatis
compedibus tenet atque aurato carcere frenat,
regia quos merces uana spe *ludit* hiantes
prensantesque manu refugi simulacra fauoris
lubrica et in tenues plerunque euanida fumos,
quos hominum ex formis dira illa uenefica Circe
induit in pecudum mores ac uota ferarum.   *(vv. 56-57)*

('También admira el vulgo a quienes el palacio retiene en sus ce-
pos dichosos y encierra en una jaula de oro, a los ambiciosos que
la merced regia engaña con esperanzas vanas, y que tratan de apresar

con sus manos los espejismos (las imágenes) de favor huidizo, resbaladizos y destinados casi siempre a disiparse como en delgados humos; a ésos a quienes Circe, la terrible hechicera, ha hecho pasar de tener forma de hombres a tener costumbres de animales y deseos de bestias.')

Las prisiones de oro, asociadas a otro motivo también presente en Andrada, nos servían antes para hacer una cala en el repertorio tópico que la Epístola Moral *aprovecha. Ahora, hallarlas junto a unas expresiones y un léxico equivalentes nos sugiere que el Capitán pudo leer el texto de Pacheco en Sevilla, pero también nos avisa de que el tópico es suficientemente conocido como para que la relación no sea forzosa. Sí son comunes, en todo caso, el impulso cultural y la virulencia de ambos, más difusa en Pacheco, más condensada en Andrada.*

A partir del verso 245 hasta el final del sermo primus *(v. 316) Pacheco pasa a un plano distinto, el de la realidad sevillana, y se nos presentan los casos de dos grandes humanistas que ocupan cargos públicos: Juan López de Velasco y Juan de Ovando. Ambos hombres de gobierno llevan una vida llena de preocupaciones, desvelos y envidias. Ese no es el camino para buscar la libertad del alma y la paz del espíritu.*

La segunda parte del poema, el sermo secundus, *nos presenta la doctrina positiva. Se inicia con una preciosa imagen lucreciana (II, 1-4) del hombre que después de sobrevivir a la tormenta ve los peligros del mar. Ahora el destinatario del poema que conoce por la primera parte las bellaquerías y horrores de las gentes está en condiciones de asumir la doctrina positiva, el camino que debe seguir. Es la misma estructura bipartita de la* Epístola *de Andrada y se corresponde con el «Quiero, Fabio, seguir...» de su verso 115.*

El modelo de vida digno de imitación es el del sabio estoico que mira desde lo alto los vicios:

> fortunam inuidiamque supra, sibi diues abunde,
> speque metuque omni liber, nisi quem Deus ipse
> relligione ciet dulcique inspirat amore,
> ipse suus totusque Dei, diis proximus unus.   (*vv. 29-32*)

('en tanto que él, sobradamente rico y por encima del azar y de la envidia, permanece libre de toda esperanza y miedo, fuera del que causa el mismo poder de Dios y de la que inspira su dulce amor, señor de sí mismo y a la vez enteramente de Dios, único hombre semejante a los dioses'.)

Este tipo de vida es posible en el apartamiento que Pacheco coloca en la Peña de Aracena, junto a Arias Montano y otros compañeros con los que se dedicará a la lectura de los textos sagrados y de la antigüedad, así como de las obras de Garcilaso y del propio Montano. Allí llevarán todos la vida rústica y simple que conviene a este tópico, descrita con una minuciosidad paralela a la de la epístola de Boscán a Diego Hurtado de Mendoza, que evidentemente conoce muy bien Pacheco. Nuestro canónigo indica como Boscán los libros que se leerán, los nombres de los amigos, las funciones de cada uno y las actividades a las que se dedicarán, siguiendo los correspondientes lugares del poema del barcelonés.

Pacheco cierra finalmente el poema con una exhortación a la verdadera libertad y a la virtud:

> Libertas fucata placet, placet umbra caducae
> laudis, at ipsa sacrae Libertas displicet et laus
> Virtutis, quae sola animum formare beatum
> augustumque potest et opis nullius egentem,
> atque parem diuis et regem denique regum;
> cui non aut morbus grauis aut pituita molesta est.
>
> *(vv. 397-402)*

('Agrada una Libertad aparente, agrada una sombra de gloria caduca, pero disgusta la Libertad verdadera y el elogio de la sagrada Virtud, única que puede formar un espíritu feliz, augusto y no necesitado de la ayuda de nadie, igual a los dioses, y, en definitiva, rey de reyes; un espíritu para el que la enfermedad no es pesada ni el catarro molesto.')

Unos años después, en 1577, Francisco de Aldana escribe la más hermosa de sus epístolas métricas, la Carta... *para Arias Montano sobre la contemplación de Dios y los requisitos della. El hilo conductor es el mismo, el rechazo de la degradante vida de soldado que había llevado y el apartamiento del vulgo, en este caso en el monte Urgull, a donde invita a Montano, pero los conceptos y el tratamiento son distintos de la línea que va de Boscán a Pacheco y Andrada. En Aldana el rechazo abstracto del vicio que embrutece a la sociedad circundante queda en segundo plano para resaltar el componente neoplatónico de purificación interior del alma. El camino de la salvación para Aldana no pasa tanto por las normas de vida estoicas como por la conversión religiosa y la acuciante búsqueda de Dios.*

Por último, Jaime Juan Falcó escribe diez sermones horacianos, con el título de Satyrae, *sobre diversos temas de ética. Bajo la égida del venusino, Falcó fustiga los vicios y falsos sueños de los valencianos. Hay tres temas preferidos, a cada uno de los cuales dedica dos poemas: la insatisfacción de las gentes con su estado y oficio (I y VII), la crítica al juego de azar (IV y VIII) y la burla de los litigios y el mundo de los abogados (VI y IX). Independientes son las cuatro sátiras restantes: contra los malos poetas (II), sobre la excelencia del alma (III), la famosa fábula moral sobre las partes de la vida del hombre que utiliza* Mateo Alemán *en el* Guzmán de Alfarache *(V) y la sátira contra los avaros (X). Estamos en la senda que lleva a las sátiras barrocas, pero también en la tradición humanística del* sermo *moral en torno a diversos tópicos fundamentalmente estoicos, íntimamente imbricados entre sí, de los que se genera la sustancia de estos poemas de Falcó.*

En la primera sátira encontramos el mismo tema del sermo *I, 1 de Horacio, calcando incluso el primer verso, bajo el título* De uariis hominum studiis. Satyra prima. *Como decíamos, el tema volverá en el ejercicio formal que es la sátira VII («*Imitatio Satyrae primae Horatii, 'Qui fit, Mecoenas', Satyra VII. Ad aemulationem composita singulis uersibus per monosyllaba incipientibus...*»). Falcó fustiga aquí la* opinio erronea *del vulgo, que no busca el* summum bonum *estoico, sino acaparar riquezas y envidiar los afanes absurdos de los demás. El tema enlaza también con la sátira X, «*In auaros*».*

*Particularmente densa en contenido filosófico es la sátira III, «*De praestantia animi*», que recuerda el* sermo *de Villegas sobre la esencia del hombre. Falcó expone el tema estoico de la importancia de los rasgos espirituales e internos frente a las cosas externas, en las que no podemos confiar. Utiliza conceptos de la física estoica, que considera al hombre como parte del* logos *divino: «*Quaedam mentis diuinae particula, ob quam / quid caleste sumus*» (vv. 24-25) ['cierta partícula de la mente de Dios por la que tenemos algo de divino']. A no otra noción alude Andrada: «Esta nuestra porción alta y divina / a mayores acciones es llamada» (vv. 106-107). Después define la mente como el ojo del alma que rige las pasiones, y eso es la virtud que hay que perseguir según nuestro poeta.*

En Falcó, las sátiras contra abogados y litigios beben, en parte importante, en la crítica del Humanismo a los legistas *medievales. De los jueces de Falcó, «*unus Baldizat, Bartolat alter*» (f. 70r), emitiendo confusas sentencias al modo de los juristas de los siglos oscuros Baldo y Bartolo. Nuestro valenciano, en* De vitiis fori. Satyra VI, *confiesa que empezó a estudiar leyes, pero las encontró llenas de contradicciones, como* *el* Luis Vives *del* Aedes legum. *En este poema, Falcó sostiene que el litigio y el castigo son innecesarios. Se basa en la doctrina estoica según la cual todos formamos un solo cuerpo, unidos al* logos *divino, y más que castigar y cortar una parte de nosotros es preferible prever:*

> Pulcrius est multò culpas prohibere cauendo,
> radere quam ferro, et damnum superaddere damno.
> Namque omnes isdem conclusi moenibus, unum
> corpus in urbe sumus, nec cùm pes uritur igni,
> mens homini ridet: caput est in corpore nostro,
> quod pater in tecto, quod iudex aequus in urbe.   *(f. 69r)*

('Es mucho más hermoso alejar el delito previniéndolo que limpiarlo con el hierro y añadir el daño al daño. Pues todos estamos encerrados tras las mismas murallas, en la ciudad formamos un solo cuerpo, y cuando el pie se quema con fuego no se le alegra al hombre el espíritu; en nuestro cuerpo la cabeza es lo que el padre en la casa y lo que el juez justo en la ciudad.')

Cuando a principios del siglo XVII *el capitán Andrés Fernández de Andrada escribe la* Epístola Moral a Fabio, *el género tiene ya, en suma, una larga tradición desde Petrarca. En España, textos muy cercanos en estructura y pensamiento, como los de Boscán y Pacheco, hacen posible esa síntesis, y el material pasado por el tamiz poético del* sermo *y de la epístola forma la sustancia de la tradición. Sin duda un cernido más fino, verso a verso, de esta tradición confrontada con el texto de la* Epístola *de Andrada pondría de relieve contactos más estrechos en esta línea de la epístola o* sermo.*

J. F. A. y F. R.

---

* El motivo microcósmico que subyace al último verso y a otros momentos de la *Epístola Moral* se estudia en F. Rico [1970]. Sobre el *sermo* en la poesía latina del humanismo italiano, baste remitir a J. Ijsewijn [1976 y 1978]; para la epístola horaciana en Italia y en otras lenguas vernáculas, C. Guillén [1972] y C. Dionisotti [1980]; de los textos castellanos tratan más en especial E. L. Rivers [1954] y A. G. Reichenberger [1949]. Sobre la tradición hispanolatina que aquí se subraya pueden consultarse R. G. Villoslada [1954], J. López de Toro [1945] y, con particular atención a Francisco Pacheco, J. F. Alcina [1975-1976] y B. Pozuelo [1989 y en prensa].

NOTA EDITORIAL

El presente volumen reordena y acomoda a los criterios de *Biblio-teca clásica* gran parte del contenido del libro de Dámaso Alonso *La «Epístola Moral a Fabio», de Andrés Fernández de Andrada. Edi-ción y estudio* (Gredos, Madrid, 1978), siguiendo el texto de un ejemplar que incluye algunas correcciones autógrafas, incorporan-do al aparato crítico o al lugar que en cada caso corresponda las referencias al manuscrito *B* (que en el original habían tenido que relegarse a un apéndice de última hora, pp. 280-282) y, en fin, modificando de acuerdo con la disposición ahora adoptada los en-víos y llamadas de una sección a otra.

Para que el lector pueda hacerse cargo del modo de proceder a otros propósitos, ofrezco, en primer término, un desglose del prólogo, con indicación, entre paréntesis, de las páginas del libro de 1978 recogidas o resumidas en cada apartado:

1. AUTOR Y FECHA: *Atribuciones* (pp. 71, 116, 120, 147-148), *Fecha* (pp. 235-236, 120-121), *El autor* (pp. 249, 252-279).
2. CONTENIDO Y ARTICULACIÓN (pp. 25-42).
3. ESTILO (pp. 42-70).
4. HISTORIA DEL TEXTO: *Manuscritos* (pp. 107-114), *Ediciones* (pp. 71-106), *Clasificación de los manuscritos* (pp. 122-146).

Los APÉNDICES, a su vez, se toman (1) de las pp. 236-246 de *La «Epístola Moral a Fabio»...*, y (2) de la «Nota adicional» a la edición de *El Fabio de la «Epístola Moral»* incluida en Dámaso Alonso, *Obras Completas*, III (Gredos, Madrid, 1974), pp. 672-676 (tex-to de la carta), y 676-682 (notas), reproducidas aquí en su inte-gridad.

Por otro lado, de acuerdo con los planteamientos de la colec-ción, las extensas anotaciones del original se han distribuido entre notas a pie de página, con la explicación sucinta de la palabra, alusión o problema en cuestión, y notas complementarias, que sirven de documentación o desarrollo a las anteriores y se anun-cian con un círculo volado [°] al final de las mismas (o, de ser conveniente, al final de las respectivas entradas del aparato crítico). En unas pocas ocasiones, las notas a pie de página reproducen observaciones procedentes de otros lugares del volumen de 1978 o bien son síntesis, preparadas por mí, de las anotaciones de don Dámaso que se dan por entero en las notas complementarias; las contadas veces en que figuran entre paréntesis cuadrados, remiten a la introducción de Juan F. Alcina y Francisco Rico.

Las variantes se consignan aquí con la disposición característica del aparato positivo y seguidas, en su caso, de los comentarios que don Dámaso les dedicó ora en sus anotaciones, ora en el estudio y clasificación de los manuscritos. Tanto en las notas a pie de página como en las complementarias, un cuadradito volado [▫] debe entenderse como aviso de que en el aparato crítico del verso señalado se hallarán más indicaciones textuales al respecto.

Las referencias bibliográficas se han uniformado respecto a los otros volúmenes de la colección, y la lista final reúne los títulos citados tanto en el cuerpo del volumen como en el estudio preliminar.

Únicamente me queda, en nombre del editor y del director de la serie, agradecer de todo corazón a doña Eulalia Galvarriato de Alonso la generosa autorización que nos ha concedido para difundir el magistral trabajo de don Dámaso en una versión ajustada a las normas de la *Biblioteca clásica*. En el mío propio, añadiré sólo que todo mi quehacer ha estado inspirado por el deseo de contribuir a una más amplia circulación de la obra de nuestro llorado maestro y que confío en que esa intención haga disculpar los posibles errores que se me hayan escapado.

CARLOS CLAVERÍA

Diciembre de 1992

PRÓLOGO

Los signos [○] y [□] remiten respectivamente a las Notas complementarias y a las entradas del Aparato crítico.

1. AUTOR Y FECHA

ATRIBUCIONES

No voy a emplear mucho tiempo en discutir las varias auto-rías que durante los siglos XVIII y XIX se atribuyeron a la *Epístola Moral a Fabio*. Todas ellas carecen, en realidad, de importancia hasta el sensacional hallazgo de don Adolfo de Castro en el año 1875.[1] En ese año empezamos a empalmar con atribuciones mucho más importantes y autorizadas: las que figuran en manuscritos del siglo XVI.[2] Resultan de ellos las siguientes atribuciones:

A Andrés (Fernández) de Andrada, en cinco manuscritos (de nueve que indican nombre de autor, o mejor dicho, de ocho, pues la atribución a Rioja en *M5* es de fecha modernísima); estos cinco manuscritos son *M1*, *M4*, *Ch*, *G* y *S*. No creo que se pueda discutir que todos estos manuscritos designan como autor a un solo personaje, el «Capitán Andrés Fernández de Andrada», llamado así sólo en el *S*, pues el nombre aparece variado en los otros cuatro manuscritos que entran ahora en cuenta: en el *G* se le llama «Andrés F[ernánde]z [?] de Andrade»; sin duda por mala lectura de una abreviatura como la de *G*, aparece en *M1* la forma «Andrés Sánchez de Andrada»; finalmente, con omisión del primer apellido, nos dan *M4* y *Ch* «Andrés de Andrada». De estas variantes, unas son de tipo habitual aun en las mismas costumbres notariales del siglo XVII.[3] Otra (Sánchez por Fernández) es error, como hemos visto, fácilmente explicable.

A Bartolomé Leonardo de Argensola, en tres manuscritos, el *M2*, el *M3* y el *B*.

---

[1] Se trata del manuscrito *S*, cuyo epígrafe, como se verá, es fundamental para adjudicar un autor a la *Epístola*.

[2] Más detalles sobre los manuscritos se encontrarán en el capítulo dedicado a la historia del texto (véase pp. 52-54).

[3] Al «Andrés Fernández de Andrada» de las Actas del Cabildo de Méjico se le llama en ellas varias veces así; otras, «Andrés de Andrada»; otra, «Andrés Fernández de Andrade» (véase Alonso, 1960:230, n. 6). Son variaciones y errores parecidos a los de los manuscritos *M4*, *Ch* y *G*.

A Lupercio Leonardo de Argensola, sólo una atribución, la de la copia fragmentaria contenida en *H*.

A don Francisco de Medrano, sólo una atribución, la de una nota marginal de *M3*.

En resumen, de los catorce manuscritos que hoy conocemos de la *Epístola* (cuatro de los cuales —o mejor, cinco, si tenemos en cuenta lo dicho sobre *M5*— no designan autor), cinco la atribuyen a Andrada. Tal coincidencia, y la inanidad de las otras atribuciones antiguas —Bartolomé, Lupercio y Medrano—, bastarían, creo, para tener por seguro que el autor de la *Epístola Moral* fue el capitán Andrés Fernández de Andrada. Era éste un poeta (pronto vamos a estudiar otro testimonio de su actividad como tal y una deliciosa carta noticiera suya), pero un poeta muy poco conocido, lo cual —como veremos— refuerza todavía más su autoría, y explica las pequeñas variantes con que en algún manuscrito aparece su nombre.

Es curioso, y le hace a uno ver cuán poco sólidos son los estribos del criterio humano, lo que ocurre con Andrés Fernández de Andrada. A la gente no le cabe en la cabeza que un poeta casi desconocido escriba una obra maestra. Nada menos que cuatro manuscritos del siglo XVII y uno del XVIII titulan a Andrada autor de la *Epístola Moral*. ¡Pero las historias de la literatura están llenas de obras que todo el mundo considera de un determinado autor en virtud de un solo testimonio! Las historias de la literatura, las de tragaderas más anchas, al llegar al caso de Fernández de Andrada meditan y no se deciden.

Esos cinco manuscritos que declaran autor a Andrada pertenecen a las dos ramas conocidas de la tradición de la *Epístola*. Una de dos: o bien la atribución a Andrada es troncal, es decir, estaba en el original de la obra antes de la ramificación; o si no, se ha producido independientemente en textos distintos, es decir, que se ha producido espontáneamente, en varios puntos o momentos muy separados ya por la ramificación. Si se admite lo primero, el nombre del oscuro poeta figuró ya en el original, o en sus inmediatas consecuencias, antes de ramificarse: la atribución entonces resulta prácticamente segura. Si se admite lo segundo, es que ha habido una serie de aficionados que, independientemente, han tenido cada uno sus razones especiales para atribuir esta obra maestra a ese Andrada, poeta oscurísimo. Y, admítase una u otra de estas posibilidades, no se olvide que la *Epístola Moral* aparece

ya en el manuscrito del portugués Méndez de Britto, que estaba
copiado en febrero de 1623, y que en ese manuscrito figura como
obra de «Andrés de Andrada».

Es posible que haya todavía gentes reacias. Piénsese solamente
en esto: en el siglo XVII un aficionado que copiaba una poesía
sin nombre de autor, solía husmear el estilo, y se la atribuía...
¿a quién? Indefectiblemente a un Lope, un Góngora, un Quevedo, a uno de los Argensola, o todo lo más a un poeta activo
de segunda fila (un Martín de la Plaza, un Tejada...); a un autor,
en fin, bien acreditado y de estilo conocido. Pero ¿a quién se le
iba a ocurrir achacar la *Epístola* a un oscuro Fernández de Andrada, del que, aparte esa obra, sólo ha llegado hasta nosotros, en
el siglo XX, un trozo de otra composición y una salada carta familiar; a un escritor del que la vida literaria se diría haberlo igno-
rado todo (aunque ya veremos que esto no es completamente exacto)? ¿O en qué razones estilísticas se iba a basar tal atribución?
Entre los poseedores de cuadros, ¿quién no ha conocido alguno
que asegure que tal lienzo es un Greco o un Goya, aunque los
peritos se sonrían?; es el natural deseo de enriquecer la colección
propia. Lo mismo hacían los coleccionistas de poesía manuscrita,
en el siglo XVII. Las falsas atribuciones a Góngora, por ejemplo,
son legión. Pero ¿quién podría pensar en enriquecer su manuscrito de la *Epístola* con achacársela a Andrés Fernández de Andrada?

FECHA

Cinco atribuciones de una misma poesía a un autor famoso serían
para muy tenidas en cuenta. Cinco atribuciones antiguas de la
Epístola al desconocido Andrada hacen para mí —dentro de la limitación de nuestro criterio humano— una prueba completa.

De Andrés Fernández de Andrada sabíamos, ante todo, lo que
nos dice la rúbrica de la *Epístola* en el manuscrito S, publicado
por Castro en 1875: que era capitán. Que era sevillano o, por
lo menos, residía en Sevilla lo viene a decir él mismo en la *Epístola*; que era amigo de don Alonso Tello de Guzmán, futuro corregidor de Méjico, también nos lo dice S. Acerca de este otro
personaje, el Fabio de la *Epístola*, encontramos muchas nove-
dades que publicamos en otro libro (Alonso, 1960:103-238, y
1974:515-699); pero algunas de estas noticias, resumidas, nos se-

rán indispensables ahora. Por el manuscrito *S* sabemos que Andrés Fernández de Andrada le dirigió su *Epístola* cuando don Alonso era un pretendiente en corte; ahora sabemos que dejó de serlo el 27 de octubre de 1612, fecha de su nombramiento para Méjico. Esta fecha —más los días que tardara la noticia en llegar a Sevilla— es el tope *ad quem* de la *Epístola Moral a Fabio*, y con tal tope, que casa perfectamente con todo un conjunto de datos ciertos, se deshacen, sin más, fantasías que aún corren por ahí.

Tenemos en los manuscritos unos cuantos indicios que nos permiten fijar la fecha aproximada en que fue escrita nuestra obrita:

a) La *Epístola* no es posterior a febrero de 1623 porque el 6 de ese mes y año fechaba su manuscrito el portugués Héctor Méndez de Britto (es el manuscrito que hemos llamado *M4*). He aquí su propia declaración: «Este liuro de diuersas Poessyas y Curiozidades He de Hector mendez de Britto, escreueo em Madrid por su Mão em 6 de feuereiro de 1623 annos».

b) Un aficionado a las letras, que escribía en el siglo XVII, se la atribuye a Lupercio (ms. *H*). Es, pues, evidente que este conocedor literario la creía muy temprana: Lupercio muere en 1613.

c) Otro curioso declara en el manuscrito *M3* que a juicio de un amigo suyo la *Epístola* era obra de Medrano, suposición que nos llevaría a 1606, en cuyo mes de diciembre muere Medrano. Y hay que tener presente que esta muerte de carácter súbito fue noticia muy difundida y comentada. Véase Alonso [1948:70-74 y 1958:324-328].

Todos estos testimonios, pues, apuntan a una fecha temprana, anterior a 1613, o bien, anterior a 1606.

Después de nuestras investigaciones sobre la figura de don Alonso Tello de Guzmán, el Fabio de la *Epístola*, podemos asegurar que esta composición fue escrita antes del 27 de octubre de 1612, porque ese día dejó de ser don Alonso «pretendiente» para convertirse en «corregidor», aún no posesionado, de la ciudad de Méjico (Alonso, 1960:105-238 y especialmente 118-119). Si queremos aún más exactitud, diremos que ese tope *ad quem* puede prolongarse unos días más: los que tales nuevas tardaran en llegar a Sevilla.

Los aficionados del siglo XVII no se equivocaban mucho, como se ve. La *Epístola* se escribió antes de 1613, aunque no mucho antes.

EL AUTOR

Después de los documentos publicados en 1923 por Rodríguez Marín, podemos asegurar que Pedro Fernández de Andrada[4] fue padre de un Andrés Fernández de Andrada, y dados los antecedentes literarios de Pedro y su amistad con círculos poéticos de Sevilla, hay que concluir que Pedro Fernández de Andrada fue el padre de Andrés Fernández de Andrada, amigo de Rioja, y como hemos visto ya por afirmación de cinco manuscritos y vamos a considerar aún, más abajo, también autor de la *Epístola Moral*.

Hasta hace poco la producción literaria que conocíamos de Andrés Fernández de Andrada era sólo dos piezas: 1) el fragmento tritemático (sobre Larache, Enrique IV de Francia y los moriscos) conservado entre los papeles de Rioja; 2) la *Epístola Moral*, atribuida al «capitán Andrés Fernández de Andrada» en el manuscrito de la Colombina (atribución confirmada por otros cuatro manuscritos).

Hace unos años que hemos publicado (Alonso, 1974, recogido aquí en el Apéndice 2) una tercera obrita suya: es una carta (copia del siglo XVII) que lleva al pie el nombre de Andrés Fernández de Andrada, escrita el 15 de julio de 1596, desde Sanlúcar de Barrameda, toda ella sobre la toma y saqueo de Cádiz, vergonzoso episodio de nuestra historia que precisamente ese mismo día estaba terminando, allí, al otro lado de ese trapecio de tierra y un brazo de mar que en línea recta separan Sanlúcar y el Puerto. El 14 comenzó en Cádiz el embarque de los ingleses, y el 16 la armada enemiga se hizo a la vela rumbo a las costas de Portugal. Pero hasta entonces el miedo en Sanlúcar fue muy grande: ¿querrían desembarcar los ingleses en Sanlúcar? ¿Subirían por el Guadalquivir a la conquista de Sevilla?

Lo importante para nosotros, porque nos descubre nuevas facetas del escritor, es que los datos que relata Fernández de Andrada en su carta, la mayor parte de las veces entre vetas y aun ramalazos de humor, tienen una animación y una afectividad expresiva tales que no conocemos ningún otro testimonio de aquellos la-

---

[4] Autor de *Libro de la Gineta de España*, Sevilla, 1599, y anteriormente de *De la naturaleza del caballo*, Sevilla, 1580, origen de aquel y que aun tuvo continuación en 1616: *Nuevos discursos de la gineta*.

mentables hechos que pueda competir con los giros vivísimos de esta carta familiar.

No me ha sido posible averiguar la persona a quien va dirigida. Se trata, indudablemente, de un pariente cercano de Andrés, con el cual le unía además de los vínculos de familia una gran amistad: esto último lo prueba el tono a veces chancero en materias tan graves; y hace indudable el parentesco la mención, al final, de «mi tía y prima». Hay que interpretar que el corresponsal de Andrada era, respectivamente, esposo y padre de esas damas, es decir, tío carnal o político suyo. Era, además, persona muy importante en la ciudad en que residía, como vamos a ver en seguida por las palabras mismas de la carta.

¿Qué ciudad era? Creo que Sevilla. Andrés Fernández de Andrada era, por familia, sevillano; y lo poco que sabemos de su vida nos le hace sevillano también. Debió de ser uno de los que salieron de Sevilla para acudir a la defensa de Cádiz y fueron distribuidos por los puertos de la bahía y, fuera de ella, por los cercanos y especialmente amenazados, como Sanlúcar. Todos los indicios convergen hacia un mismo centro: Sevilla.

La carta viene a constar de dos partes: en la primera (líneas 1-32) contesta a la que le ha escrito el día 13 su corresponsal, y él, Andrada, ha recibido en este mismo día 15 en que responde; esta parte es toda ella sobre el asunto de los desertores que se habían acogido a la Iglesia, y «el delito de los clérigos» (que imaginamos que había consistido en algún acto en defensa de los desertores). Sobre esta cuestión, resulta de la carta que había cierta diferencia de criterio sobre el castigo de la deserción (más benigna la opinión del corresponsal y la de «su Señoría Ilustrísima»), y también la había sobre «el delito de los clérigos». En relación con esto, venía con esta carta recién llegada un pliego para el *Vicario* (juez eclesiástico que entendería en estas causas); ese pliego se lo había dado en seguida al Vicario y se le metió «priessa para que hiziesse lo que se le ordenaua» (líneas 19-20).

Es importante, creo, tratar de comprender la situación y la posición de Andrada en el momento verdaderamente crítico en que estaba interviniendo. Siente admiración y respeto por el gobernador de Sanlúcar, don Rodrigo Ponce, y su sargento mayor, Fernando Caballero, «un muy gran soldado». Pero es evidente el desprecio, compartido por mucha gente, según lo prueban muchos otros testimonios, por el hombre a quien estaba encomendada la defensa de toda la Andalucía baja, el duque de Medinasidonia.

Toda la carta es una mezcla, un entrecruzamiento de dolor y patriótica decisión de defensa, con muchas finas notas de ironía y aun repentinas y chuscas pinceladas. Así en el final, a la decisión de acudir al arcabuz para oponerse al desembarco que imaginan inminente, sigue, dirigiéndose a su tía y su prima (que le habían escrito algo —imaginamos— contentas porque desde Sanlúcar él estaba contribuyendo a su defensa, la de la plaza y la de ellas, residentes —suponemos— en Sevilla), y les dice que estarán seguras, aunque no se encuentre él en Sanlúcar, porque si se produce desbandada él será el primero en huir y avisarlas para que se pongan en cobro. El gracejo le lleva a presentarse en una posición en la que él resulta primera víctima de su humorismo. Pero no, no nos imaginamos a Andrés Fernández de Andrada huyendo ante el enemigo. Él es un español que se siente avergonzado por el conjunto de imprevisiones, falta de organización y sobra de cobardías que han traído como consecuencia la pérdida de Cádiz en brevísimas horas y todas las miserias y desaciertos que le siguieron en aquellos quince tristes días. Es un hombre joven; la relación con las tres personas a quien se dirige, el importante pariente y corresponsal, la tía y la prima, hace muy humana la broma, aunque vemos que por otro lado le muerde la indignación.

Es un hombre culto. Es un militar, un culto militar: toda la carta lo respira. Este Andrés Fernández de Andrada que firma la carta es indudablemente un espíritu joven que reacciona personalmente ante los acontecimientos. Su crítica se extiende a todo lo que merece censura: lo mismo a la fanfarronería de los que se ofrecen a incendiar la armada inglesa que a la desorganización general, a la pluralidad de cabezas sin que haya una sana y firme, y la sátira va desde la muy descubierta a Medinasidonia hasta la velada, pero indudable, al rey. Veo aquí el carácter de originalidad y aun de oposición a las ideas y tópicos corrientes que adivinamos al estudiar el fragmento tritemático, y que va muy bien al moralista de la *Epístola Moral a Fabio*.

Esta carta en prosa es la tercera obra que hay que poner a su nombre. Es una carta familiar, interesante por el tema (una de las espinas de la historia de España), interesante por el estilo jovial, lleno de humor, satírico y muy personal. Es, dentro del reducido caudal del epistolario español, una pieza llena de originalidad y encanto.

Resumamos lo que ya sabemos acerca de Andrés Fernández de Andrada. Es una persona real, con familia y residencia conocidas, que ya en julio de 1593 recibe un poder de su padre, Pedro Fernández de Andrada, para cobrar una cantidad. El 15 de julio de 1596 está con un arcabuz en Sanlúcar para la defensa contra los ingleses que habían saqueado Cádiz; en esa fecha escribe a un importante pariente, que reside probablemente en Sevilla, una encantadora carta, llena de juicio y de humor, de la que se deduce que es hombre de vocación militar, culto y tenido en consideración de más que simple soldado. Es además autor de un poema, del que se nos ha conservado un fragmento (entre los papeles de Rioja), sobre tres temas de historia contemporánea, y por ellos datable de fines de 1610, o todo lo más principios de 1611 (véase el Apéndice I). Era amigo estimado de Rioja, tanto como para que éste le dedicara una de sus mejores poesías. En fin, en el manuscrito de la Colombina de Sevilla se declara a Andrés Fernández de Andrada autor de la carta en tercetos que hoy conocemos por el nombre de *Epístola Moral a Fabio* (atribución confirmada por otros cuatro manuscritos antiguos); en ese mismo manuscrito de la Colombina se le da el título de «capitán» y se dice que el poema lo escribió «desde Seuilla a don Alonso Tello de Guzmán, pretendiente en Madrid, que fue corregidor de la ciudad de México».

Atendamos a la conducta de Rioja como amigo suyo. Rioja un día se olvidó de su amigo y destinó a otro el poema que había dedicado a Andrés Fernández de Andrada (véase abajo, p. 94). Una acción así sólo es concebible por ausencia total. Ausencia total es la muerte; y por eso algunos (cuando aún no se conocía el manuscrito sevillano y en él la atribución a Andrada de la *Epístola*) pensaron que nuestro poeta habría muerto joven, aún conocido sólo en el círculo literario de Rioja. Pero existe, existía por lo menos en el siglo XVII, otro tipo de ausencia que se podía llamar total, y que muchas veces lo era: el paso a Indias.

Cuando hace ya bastantes años trabajaba yo en ligar los sucesos de la vida del Fabio de la *Epístola*, del don Alonso Tello de Guzmán, encontré en las actas del Cabildo de la Ciudad de Méjico, repetida una serie de veces, la mención de un Andrés Fernández de Andrada, entre mayo y noviembre de 1619: allí se le llama «contador de bienes de difuntos de la Nueva España» (véase Alon-so, 1960:228, n. 4). El cargo de contador de bienes de difuntos era más que en ningún sitio importante en tierras de América: muchos que habían emigrado allá con puestos oficiales o en empresas comerciales, etc., morían solos, con sus familias en la vieja metrópoli, y era necesario que alguien se ocupara oficialmente de sus bienes. El sueldo era de mil ducados anuales, más algunos gajes. Notemos que por esas fechas Tello ya no era corregidor de Méjico: había dejado de serlo unos meses antes; pero estaba relativamente cerca, en la Puebla, de donde era alcalde mayor desde febrero de 1619. Tenemos noticia de que alguna vez vino a la capital durante el tiempo de su alcaldía.

El encontrar a Fernández de Andrada y a don Alonso Tello, a los dos amigos unidos en el manuscrito sevillano de la *Epístola* como, respectivamente, el poeta y su amigo Fabio; el encontrarlos ahora juntos en Méjico, sacudió mi corazón: también la ausencia a tierras de América, con todo el inmenso océano por medio, era una especie de muerte por aquellos años; y causa bastante para que un poeta como Rioja, muy fino, pero muy atento a su medro, olvidara al amigo ido a mundos tan lejanos, y sustituyera su nombre en la dedicatoria de la silva «Al verano».

Extremé sin embargo la precaución: don Adolfo de Castro, por ejemplo, había lamentablemente confundido al Fabio de la *Epístola* con un homónimo suyo que no estuvo nunca en Méjico; no fuera yo ahora a confundir al «capitán Andrés Fernández de Andrada» con un Andrés Fernández de Andrada, «contador de bienes de difuntos», homónimo del poeta, que no tuvieran nada que ver el uno con el otro. En mi libro sobre *El Fabio de la «Epístola Moral»* consigné los datos, dejé abierta la posibilidad, pero extremé la cautela.

Sin embargo, debo confesar que para mis adentros dejaba volar la fantasía: los dos amigos habían ido a Méjico, los dos probablemente bajo la protección del sevillano Marqués de Guadalcázar; los dos habían obtenido cargos, don Alonso Tello el más importante, Andrés Fernández de Andrada uno inferior; don Alonso Tello con su *don*, Andrés sin él; los dos en puestos remunerados, siempre en la proporción de más a menos: más, don Alonso; menos, Andrés.

Cuando publiqué en 1960 *El Fabio de la «Epístola Moral»*, ignoraba que en 1956 se había publicado póstumo un trabajo de un investigador mejicano, don Manuel Toussaint, en el cual se daba noticia de tres documentos de los que resulta que un «capitán Andrés Fernández de Andrada» vivía a fines de la primera mitad del siglo XVII en la Nueva España y estaba casado con una doña Antonia de Velasco, vecina de la provincia de Cuautitlán, estante en su hacienda de Santa Inés, su legítima mujer. Por un documento ante notario de 12 de octubre de 1646, esta señora da poder a su marido, que aquí aparece como vecino de Huehuetoca, para extender otra escritura, que se hizo con fecha de 14 de octubre, también leída por Toussaint, por la que Andrada, que en ésta aparece como «vecino de la ciudad de México», se obliga por sí y por doña Antonia a favor de un Juan González en la cantidad de 1.000 pesos. En fin, «poco después», Fernández de Andrada, alcalde del partido de Ixmiquilpan, da poder a José de la Mota y Portugal, vecino de Méjico, para todos sus asuntos.

Cuando me enteré de las revelaciones de estos documentos, se alzaron en mí diversas incertidumbres. ¿Podía ser el poeta? Quien en el año 1593 recibía de su padre en Sevilla encargo de cobrar un crédito, ¿podía aún, en 1646, estar activo y ser nombrado para una alcaldía mayor? Naturalmente que no hay imposibilidad; si imaginamos que en 1593 tenía 18 años, en 1646 tendría 71. Obsérvese, además, que reaparece el antiguo título de «capitán» (el que le da el manuscrito de la Colombina), título que no está en las Actas del Cabildo de Méjico. Pensaba yo que aun admitiendo que fuera el poeta el «contador de bienes de difuntos» de dichas Actas, ¿no sería quizá un hijo o pariente próximo este homónimo de 1646? La separación de fechas, de 1619 a 1646, es decir, de los datos mejicanos obtenidos respectivamente por mí y por Toussaint, podía favorecer esa última hipótesis.

Creo que todas las dudas quedan desvanecidas gracias a las nuevas y brillantes investigaciones de otro erudito mejicano, don Salvador Cruz [1976]. El señor Cruz nos da una serie de fechas en que aparece Fernández de Andrada, intermedias entre 1619 y 1646, y también algo posteriores a esta última, que permiten asegurar sin vacilación que se trata de un solo y el mismo personaje: el capitán Andrés Fernández de Andrada, el poeta de la *Epístola*, perdido y reencontrado allá en tierras mejicanas. La primera fecha intermedia en que nos le vuelve a encontrar el señor Cruz es el año 1623, en el que vamos a hallar a Fernández de Andrada en una para nosotros interesantísima posición.

En mi ya mencionado libro sobre don Alonso Tello, el Fabio de la *Epístola*, que después de corregidor de Méjico había sido alcalde mayor de la Puebla, yo le había dejado —último dato directo y fechado que encontré acerca de Tello— siendo alcalde mayor de las minas de San Luis Potosí, según un informe del virrey (que lo era ya entonces el conde de Priego), de febrero de 1622.

La noticia respecto a 1623, exhumada por don Salvador Cruz, viene a poner un broche de oro a la amistad entre don Alonso Tello y Andrés Fernández de Andrada, entre el Fabio y el poeta de la *Epístola*, amistad atestiguada por primera vez allá en una página del manuscrito sevillano de la Colombina. Los hechos, encontrados por el señor Cruz, son escuetos.

Don Alonso Tello, que, como acabamos de decir, estaba en febrero de 1622 desempeñando el cargo de alcalde mayor de San Luis Potosí, murió allí el 27 de enero de 1623. Tardó algo el nombramiento y toma de posesión del sucesor: ésta fue el 6 de abril del mismo año. ¿Quién fue quien hasta entonces —es decir, de enero a abril— desempeñó provisionalmente las funciones del difunto don Alonso? Andrés Fernández de Andrada. Andrés Fernández de Andrada, ejerciendo en San Luis Potosí las funciones de Justicia, ocupó una especie de sustitución provisional de la autoridad, vacante, del fallecido alcalde.

Y ahora sí que resulta imposible dudar. La amistad de don Alonso Tello con Andrés Fernández de Andrada, que para nosotros nace en la página inicial de la *Epístola*, en el manuscrito sevillano, la vemos ahora confirmada, ante la muerte de uno de los dos amigos, allá en las lejanías de las minas de San Luis Potosí, en la Nueva España. Puesto que se echó mano de él inmediatamente al ocurrir la muerte de don Alonso, no nos cabe dudar: Andrés Fernández de Andrada estaba allí, al lado de su amigo, en el momento del trance fatal. La amistad queda resellada en el momento mismo en que se extingue como vínculo entre seres vivos, con la muerte de don Alonso. El momento sagrado de la muerte nos vuelve a poner juntos a los dos amigos.

Y nos da una prueba absoluta: Andrés Fernández de Andrada fue el autor de la *Epístola Moral*. A la prueba de los cinco manuscritos en que Andrada figura como autor, para mí, prueba total, mucho más segura que tantas autorías que andan por las historias de la literatura y que nadie discute, se une que de los hechos afirmados en el manuscrito de Sevilla (1.º, la amistad entre los dos hombres; 2.º, que uno era el poeta de la *Epístola* y el otro el Fabio de ella), el de la amistad se asegura tan fuerte que lo vemos, primero ya confirmado en la ida a la misma lejana tierra, y ahora, definitivamente, en el estar el amigo junto al amigo en el instante de la muerte de uno de los dos.

Los restantes datos encontrados por el señor Cruz van a empalmar con los otros, ya mencionados, del señor Toussaint.

Después de 1623 nos encontramos a Andrada en 1629 ya en Cuautitlán y casado con doña Antonia de Velasco (¡coincidencia con Toussaint!): el matrimonio apadrina a un niño. En 1630 actúa como alcalde mayor de Cuautitlán. En 1632 y 1633 es vecino de Huehuetoca: él y su mujer apadrinan dos bodas. En 1643 y 1644 se le menciona como dueño de la hacienda de labor llamada Santa Teresa.

El enlace con los dos primeros documentos de Toussaint es, se puede decir, perfecto. No hay posibilidad de duda: el personaje es el mismo «capitán Andrés Fernández de Andrada» del manuscrito de la Colombina y de los documentos reseñados por Toussaint, y el que aparece como «contador» en las Actas de 1619 del Cabildo mejicano, y el que en 1623 sustituye provisionalmente en las funciones de don Alonso Tello en San Luis Potosí por muerte de éste.

Todavía el señor Cruz ha logrado algún dato de la vida de Andrada posterior a 1646, fecha de los que encontró el señor Toussaint.

Andrada en Ixmiquilpan en 1648 apadrina en enero a un niño indígena expósito, y en junio a una niña otomí. Son los últimos documentos en que aparece y en ellos no figura la esposa.

Fernández de Andrada, deduce el señor Cruz, debió de morir a fines de 1648. Si admitimos que nació hacia 1575, debía de andar por los 73 años.

Falta aún hablar de la ligazón más allá de la tumba, también descubierta por don Salvador Cruz. El licenciado Juan Rodríguez de Palencia fue, a la muerte de Tello, nombrado tutor del hijo del muerto, y más tarde albacea de la viuda de don Alonso. Lo interesante para nosotros es esto: Juan Rodríguez de Palencia, como vemos muy ligado a la familia de Tello, mantiene largas y grandes relaciones con Andrada. Éste, en 1630, como alcalde de Cuautitlán, le da posesión de una hacienda en Huehuetoca, y por lo menos de 1634 a 1642 los dos mantuvieron entre ellos cuentas.

La relación se prolonga más allá de la muerte, tanto, primero, de Rodríguez de Palencia como, luego, de Andrada. Rodríguez de Palencia muere en 1646 y en el inventario de sus bienes y juicio testamentario aparece repetidamente el nombre de Fernández de Andrada. De los inventarios resulta que Andrada le debía 406 pesos, que nunca fueron pagados. Por la importancia de los últimos datos sobre Andrada, copio literalmente la redacción de don Salvador Cruz:

...en la ciudad de México proseguía el juicio testamentario de Rodríguez de Palencia, y el 30 de abril de 1649 se dan por no cobrados 1.775 pesos..., de los cuales 406 correspondían al débito de Andrada. Sin embargo el juez de testamentos compele al albacea Pedro de Santillán para que insista en los cobros...; pero por lo que respecta a las deudas de nuestro capitán, en enero de 1650 Santillán hace constar que «fuera de ser antiguas, desde el año de 34 al 42, como se probará, murió el susodicho [Fernández de Andrada] en suma pobreza, de suerte que se enterró de limosna; conque habiendo muerto desta suerte y sin reconocer cosa alguna por no haber asistido en esta ciudad no hay con quien hacer diligencia»...

Y para que contara su proceder en el caso, Santillán presenta, con el juramento necesario, una carta suplicatoria de doña Antonia de Velasco, en donde, después del nombre bien claro del capitán Andrés Fernández de Andrada, dice «que esté en el cielo».

Pero el juicio siguió su curso y el 14 de enero de 1655 se examinó a cuatro testigos ... a quienes constaba «que murió en suma pobreza, de suerte que se enterró de limosna por el maestre de campo don Antonio Urrutia de Vergara». Uno de ellos sobradamente añade que Andrada «quedó debiendo mucha suma de pesos», y otro hace constar que «falleció sin dejar ningún caudal».

Pero este pobre Andrés Fernández de Andrada ¿por qué vendió su primogenitura por un plato de lentejas? Al poeta apreciado en círculos literarios selectos de Sevilla, ¿qué ramalazo le cruzó la imaginación?; ¿por qué lo abandonó todo y se lanzó a la insensata aventura, para morir, a su vez, probablemente a fines de 1648, perdido y oscuro, allá, en un rincón del mundo, en Hueheutoca? Para ser enterrado de limosna. ¿Qué había sido de la hacienda —por pobre que fuera— que había tenido en aquella tierra?

No sé si algún día aparecerán obras de Fernández de Andrada escritas en Méjico. Hasta ahora no se han hallado; aunque poco probable, no es imposible que suceda. Pero, ¿cómo es posible que aquella pura voz de poeta, que pudo ordenar con tal exactitud, con tal limpidez, que resplandecen más con el tiempo, las palabras de la *Epístola*; que algunas veces nos sacude con uno de esos chispazos de la más alta poesía, de esa poesía que se nos escapa a la ordenación y a la medida de la palabra; cómo fue posible que aquellas extraordinarias dotes de poeta las dejara secar, morir, para ser contador de bienes de difuntos en Méjico, alcalde de pequeñas y aisladas poblaciones, en Cuautitlán o en Ixmiquilpan?

Al pasar los ojos por lo que sabemos de la vida de Fernández de Andrada, a todos nos viene a la memoria la historia de Rimbaud. Éste abandonó por completo la literatura a los 19 años y se lanzó a una vida aventurera para establecerse en Abisinia, dedicado al comercio de marfil y al tráfico de armas. Pero aún en este caso la misma aparición muy tardía en 1886 de *Les illuminations*, libro publicado por Verlaine, que Rimbaud había escrito en la adolescencia, interrumpió, por lo menos para la comunicación con el público, su apartamiento de la literatura. De Fernández de Andrada hemos conservado un poema que es una de las piezas capitales de la poesía española, un fragmento de otro poema, y una vivísima carta familiar: eso es todo. Luego, la noche más absoluta, el océano parece habérselo tragado. Sólo la labor de la investigación moderna ha ido casualmente descubriendo retazos de su vida posterior, al otro lado del Atlántico. ¡Y qué vida! Para terminar enterrado de limosna en Huehuetoca.

Al fin de mi libro sobre *El Fabio de la «Epístola Moral»* no pude dejar de hacer algunas consideraciones sobre lo mal que Fabio aprendió las lecciones de su amigo el poeta. Éste le había aconsejado que dejara toda pretensión, toda apetencia. Pero don Alonso Tello de Guzmán no dejó de ser nunca pretendiente: a una veinticuatría, primero; luego, a un corregimiento, el de Méjico; después, sucesivamente a dos alcaldías mayores, una de ellas con tenencia de capitán general. Lo llevaba en la masa de la sangre. ¡El oro, la plata!

> ¡Mísero aquel que corre y se dilata
> por cuantos son los climas y los mares,
> perseguidor del oro y de la plata!   (vv. 124-126)

¿Y no recordaría, en la lejanía de San Luis Potosí, su casa ostentosa, con criados, con caballos, en la cómoda y humana Sevi-

lla? Nada le movería y seguiría pretendiendo, y aun cargos infe-
riores: después de Méjico, a la Puebla; de la Puebla, al lejano,
perdidísimo, San Luis Potosí... A no ser que donde se saciara fuera en la plata de aquellas minas... Pero allí le sació del todo la
muerte.

Esto, por lo que toca a Tello, al pretendiente aconsejado por
el poeta. Pero, ¿qué pensar ahora, cómo juzgar al poeta mismo?
También él, también el moral aconsejador había sido sin duda
atacado por el mismo morbo, también él había corrido y se había
dilatado por los más remotos mares y climas en persecución de
la plata y del oro; también se volvían contra él sus propias palabras:

Cese el ansia y la sed de los oficios...   (v. 55)

Los suyos habían sido mucho más modestos que los de su amigo:
contador de bienes de difuntos, alcalde de poblaciones de escasísima importancia, Cuautitlán, Ixmiquilpan, suplencia (¡pero provisional!) en San Luis Potosí, del amigo muerto. Apetencia, pretensión de oficios, de mínimos oficios, de casi miserables oficios. Y
esto hasta la vejez: porque debía haber rebasado los 70 años cuando le nombran alcalde de Ixmiquilpan. Pero la plaza no se la da-
rían contra su deseo, nos imaginamos

De Fernández de Andrada sabemos mucho menos que de don
Alonso, como corresponde a la oscuridad de los cargos que desempeñó. De don Alonso conocemos cohechos, socaliñas, inmo-
ralidades administrativas de muchas clases (junto a algunas evidentes virtudes). De Fernández de Andrada no conocemos más
que algunos actos de piedad religiosa y social y el título de los
cargos que desempeñó, y su habilidad en cuestión de números,
que debía de ser muy grande, porque su paso por las actas del
Cabildo se debe al encargo oficial de deshacer un enorme trabacuentas en las de la corporación; y lo hizo perfectamente.

Pero esa habilidad parece que no le sirvió de nada para la administración de sus propios y, suponemos —como don Salvador
Cruz—, escasos bienes (la hacienda de Santa Inés, que debía de
ser de su mujer, y la llamada Santa Teresa, que parece atribuida
a él: probablemente dos propiedades de poco valor). Quien pudo
deshacer el trabacuentas del cabildo, no supo librarse del suyo propio
y murió en la miseria y deudor de muchos pesos.

¿Y de su vida moral? Sólo adivinamos, por escasos datos, lo

que parece una situación matrimonial estable, adornada por esa piadosa costumbre de apadrinar contrayentes o pobres niños indígenas que iban a recibir el bautismo.

Y entonces se nos ocurre otra interpretación.

En las líneas que anteceden he considerado a los dos amigos, los dos en contradicción con la doctrina de la *Epístola*, bellamente expuesta por el uno y recibida por el otro, los dos viajeros a lejanas tierras, los dos movidos por la ambición y el deseo de riqueza. Que así fue en el caso de don Alonso, no ofrece la menor duda. Pero, ¿no estaremos levantando un juicio temerario en el caso de Andrés? ¿No será, quizá, la *Epístola* una especie de testamento con relación a una vida que estaba decidido a dejar con un propósito firme de poner en práctica las máximas que predicaba?

> Quiero, Fabio, seguir a quien me llama,
> y callado pasar entre la gente,
> que no afecto los nombres ni la fama.   (vv. 115-117)

Y ¿qué manera mejor de pasar callado, de demostrar que no apetecía los nombres ni la fama, que irse en pos del amigo brillante, del amigo que no seguía sus consejos, a vivir lejos de todo lo demás, lejos de la literatura y de sus vanos y engañosos atractivos, a vivir en puestos humildes, en tierras desconocidas y ajenas?

Estoy construyendo ahora una teoría en la que nadie creerá, en la que ni aun yo mismo creo, pero hay que inventar algo, hay que construir un artilugio cualquiera para no vernos obligados a confesar que la *Epístola Moral* fue, por lo que toca a sus dos protagonistas (autor y amigo), un completo fracaso. Allí proclamaba el sosiego y la permanencia en la tierra natal: los dos buscaron la aventura y la mayor lejanía. Allí se execraba la afanosa persecución del oro: los dos peregrinaron en busca de riqueza. Allí se abominaba del afán de cargos y nombradía: los dos obtuvieron oficios y pusieron de su parte todo lo posible por obtenerlos: de don Alonso no nos cabe duda, de Andrés lo suponemos...

Nos queda ahí, en el poema, un maravilloso testimonio de lo que en un momento dado sentía el alma de Andrés. Qué pasó por ella, qué imágenes interiores, ánimo y desánimo, alegría y tristeza, pasaron por su alma en la larga sucesión de años que había de vivir desde antes de 1612, o 1612, en que escribió la *Epístola*, y el de 1648. En la *Epístola* no se habla de amor: ¿quién era esa doña Antonia de Velasco con la que, por lo menos desde 1629, estaba casado? ¿Cuál su vida matrimonial? ¿La hacienda que poseía?

En 1649 el tiempo se había muerto ya en sus brazos. Fue enterrado de limosna. Su deseo se vio cumplido: «¡Oh muerte!, ven callada / como sueles venir en la saeta» (vv. 182-183).

Nos queda la *Epístola Moral*. Si quizá fue un fracaso por lo que toca a la vida de su autor y seguramente a la de su amigo Fabio, ha sido después un hermoso éxito porque desde los mismos años inmediatos a su redacción ha dejado una huella en la personalidad moral de muchos españoles. Lo prueba la abundancia de manuscritos en que se copia, las ediciones de ella a partir del siglo XVIII y la honda resonancia que deja en nuestra alma cada vez que de nuevo la leemos.

Nunca quizá más necesaria su lectura que en este siglo, hostil como ninguno, en que hemos tenido la desgracia de vivir. Hoy como nunca es la apetencia de la riqueza y el placer lo que agita a una humanidad idiotamente alocada. Qué sensación de reposo sumergirnos en los tercetos de la *Epístola Moral*, sentirnos aislados de tanta miseria como nos rodea, tenerlos como compañeros de un alto fin inasequible mientras vivimos,

antes que el tiempo muera en nuestros brazos.

2. CONTENIDO Y ARTICULACIÓN

OJEADA INICIAL

La *Epístola Moral a Fabio* consta de sesenta y siete tercetos, y, según costumbre que evita el rompimiento final de la cadena de rimas, éstas rematan en un cuarteto; es decir, la rima que queda iniciada en el verso segundo de cada terceto, esta vez, al final del poema, concuerda con la de un verso añadido, que convierte a la estrofa final en cuarteto. Son, pues, doscientos cinco versos los que forman la *Epístola*. Todo su contenido puede descomponerse así:

     —Una primera parte de 114 versos.
     —Una segunda parte de 72 versos.
     —Una reconsideración de 15 versos.
     —Un final de 4 versos.

Es curioso que el nombre de Fabio, del amigo a quien la *Epístola* va dirigida, figure cuatro veces, en vocativo las cuatro (la última no con el nombre propio, sino en la forma de «dulce amigo»), y que estos cuatro vocativos aparezcan, exactamente, en los cuatro puntos que razones de carácter interno me han llevado a considerar coyunturales en la estructura del poema, al comienzo de las dos porciones del mismo que llamo «partes» y de las que titulo «reconsideración» y «final»:

—En la primera «parte» (vv. 1-114) todo son argumentos para mover a Fabio a cambiar de vida.

—En la segunda «parte» (vv. 115-186) el poeta expone su programa para conseguir la virtud.

—En la «reconsideración» (vv. 187-201) el poeta vuelve los ojos a su programa, y comunica a su amigo que es posible cumplirlo.

—En el «final» (vv. 202-205) afirma que lo está cumpliendo ya, e invita a su amigo a venir a presenciarlo.

Estas denominaciones: «primera parte», «segunda parte», «reconsideración», «final», son cosa exclusivamente mía, aunque estas cuatro divisiones pueden parecer originalmente refrendadas por el vocativo que encabeza cada una de ellas. En realidad estas cuatro divisiones me resultaron de un mero estudio del contenido; sólo después vi con curiosidad que todas ellas y sólo ellas contienen en su comienzo tres veces el vocativo «Fabio» y la última el vocativo «dulce amigo». Conservo para mayor claridad estas cuatro denominaciones en lo que sigue.

El poema arranca de un hecho concreto: Fabio malgasta el tiempo siguiendo las pretensiones de la corte. La literatura española del siglo XVII está llena de figuras de pretendientes: la mayor parte de las veces han venido de una provincia para intentar obtener un cargo. Muchos forman parte del acompañamiento diario del privado siempre que se traslada de su casa a palacio. Fabio es uno de esos pretendientes que pasaban a veces muchos años sin obtener nada: siete fue pretendiente Góngora, para recibir sólo unas migajas y volver derrotado a morir a su tierra. El poeta de la *Epístola* desea que Fabio sea valiente y decidido: es mejor romper de una vez, dejar la pretensión:

> El ánimo plebeyo y abatido
> elija, en sus intentos temeroso,
> primero estar suspenso que caído;
> que el corazón entero y generoso
> al caso adverso inclinará la frente
> antes que la rodilla al poderoso.   (vv. 7-12)

Dejar la pretensión, fracasar, será sólo uno de los sucesos desgraciados que nos esperan en la vida. Hay que verlos pasar como a un gran río en crecida amenazadora:

> Dejémosla pasar como a la fiera
> corriente del gran Betis, cuando airado
> dilata hasta los montes su ribera.   (vv. 19-21)

¿Volver derrotado? ¿Qué importa? El héroe es quien merece el premio, no quien lo obtiene por favor:

> Aquel entre los héroes es contado
> que el premio mereció, no quien le alcanza
> por vanas consecuencias del estado.   (vv. 22-24)

El poder absoluto de los favoritos suele elegir a los malvados. ¿Qué podrá esperar el honesto?

Y a continuación, el poeta, siempre dirigiéndose a Fabio, le exhorta a regresar a su ciudad natal, a Sevilla: el clima, los amigos, le serán más gratos; no le faltará lo indispensable para vivir; su vida será sosegada. Mucho mejor vivir en el propio nido, y no como ruiseñor enjaulado, al capricho del poderoso, atisbando si está contento o no:

> Más quiere el ruiseñor su pobre nido
> de pluma y leves pajas, más sus quejas
> en el bosque repuesto y escondido,
> que agradar lisonjero las orejas
> de algún príncipe insigne, aprisionado
> en el metal de las doradas rejas.
> Triste de aquel que vive destinado
> a esa antigua colonia de los vicios,
> augur de los semblantes del privado.   (vv. 46-54)

Y glosando pensamientos de filósofos antiguos, aconseja a su amigo que se atenga al momento presente, sin estar temiendo o deseando lo del día de mañana. ¿Por qué inquietarnos por lo pasa-jero? Todo pasa; los imperios, como nuestra vida. Mientras vivi-mos, lo que hacemos, en realidad, es irnos muriendo, día a día:

> ¿Será que pueda ver que me desvío
> de la vida, viviendo, y que está unida
> la cauta muerte al simple vivir mío?
>
> . . . .
>
> ¡Oh si acabase, viendo cómo muero,
> de aprender a morir antes que llegue
> aquel forzoso término postrero:
>   antes que aquesta mies inútil siegue
> de la severa muerte dura mano,
> y a la común materia se la entregue!
>
> (vv. 73-75, 82-87)

Aprendamos, pues, a morir antes que llegue la inexorable des-trucción de nuestro cuerpo. Salgamos de nuestro engaño.

La *Epístola* va ascendiendo como por escalones: a los argumen-tos para que Fabio deje la condición de pretendiente y regrese al amor de su tierra, han sucedido, ahora, pensamientos senequis-tas generales, sobre el pasar de todo y contra el estar intranquilos por el día de mañana. Pero aún antes de llegar a la mitad de la *Epístola* hay un nuevo ascenso: por primera vez, y se puede decir que única,[5] aparece el nombre de Dios, no con esta palabra, sino como «el Señor»:

> Temamos al Señor, que nos envía
> las espigas del año y la hartura... (vv. 94-95)

No seamos ingratos a sus beneficios. Notemos el imperativo plu-ral («temamos»). El poeta incluye ahora, en la exhortación, a su amigo y a él mismo y, más aún, a toda la humanidad. El hombre no ha sido creado para cosas como la guerra o el comercio, con sus lejanas peregrinaciones. No, nuestra «porción alta y divina» está llamada a mayores acciones, tiene un fin mucho más noble. Antes de terminar este grado de la escala que en este punto esta-mos siguiendo, el poeta habla (en realidad, por primera vez) en

---

[5] «No quiera Dios...», en el verso 154, es meramente una violenta fórmula de rechazo.

primera persona: esta ascensión de su pensamiento ha sido una iluminación. Pero, ¿a quién se la debe? Quien le ha sacado de su error es la luminosa, sacra y pura razón, despertándole a un obrar nuevo.

Y es aquí cuando empieza la que podemos considerar como segunda parte. Ahora el poeta sigue dirigiéndose a su amigo Fabio, pero ya habla en primera persona; son sus propios propósitos, lo que va a hacer guiado por su nueva luz, lo que le cuenta:

> Quiero, Fabio, seguir a quien me llama,
> y callado pasar entre la gente,
> que no afecto los nombres ni la fama.　(vv. 115-117)

Pobres de los que por ambición viajan y se afanan por remotos países. Al poeta le bastan su casa, unos libros, unos pocos amigos, un breve y tranquilo sueño. Esto, y lo absolutamente indispensable para nutrir el cuerpo, es lo que el discreto puede pedir a la naturaleza:

> Un ángulo me basta entre mis lares,
> un libro y un amigo, un sueño breve,
> que no perturben deudas ni pesares.
> Esto tan solamente es cuanto debe
> naturaleza al parco y al discreto,
> y algún manjar común, honesto y leve.　(vv. 127-132)

Está hablando de un propósito de virtud, pero parece interrumpir la exposición para decir a su amigo que no crea que se tiene por virtuoso, cosa que aun a grandes filósofos fue difícil. En realidad lo que parecía corte del discurso le ha servido para poder introducir una nueva perspectiva: el aprendizaje de la virtud ha de ser un proceso gradual. Tal como la alta Inteligencia que mide el desarrollo vegetal (flor, fruto acedo, fruta sabrosa y perfecta), así debe proceder también la prudencia humana, acompasando la elección de sus acciones:

> No sazona la fruta en un momento
> aquella inteligencia que mensura
> la duración de todo a su talento:
> flor la vimos primero, hermosa y pura;
> luego, materia acerba y desabrida;
> y perfecta después, dulce y madura.

Tal la humana prudencia es bien que mida
y comparta y dispense las acciones
que han de ser compañeras de la vida.   (vv. 145-153)

Pero, antes de proseguir, otra vez se interrumpe, ahora con extraña vivacidad, casi con enojo, para introducir un tema variante del que provocó el corte que acabamos de señalar: él
no se tiene —decíamos— por perfecto; pero de ningún modo
atenderá las predicaciones de los hipócritas que pueblan nuestras
plazas, esos que se consideran cumbre de perfección, farsantes
de la virtud y del ascetismo, blanqueados sepulcros de podre-
dumbre:

No quiera Dios que siga los varones
que moran nuestras plazas, macilentos,
de la virtud infames histrïones;
   esos inmundos trágicos y atentos
al aplauso común, cuyas entrañas
son infaustos y oscuros monumentos.   (vv. 154-159)

¿A quién se refiere? No lo dice, pero el propósito que le brota
a continuación parece indicar algo:

Quiero imitar al pueblo en el vestido,
en las costumbres sólo a los mejores,
sin presumir de roto y mal ceñido.   (vv. 166-168)

¿Por qué siente la necesidad de afirmar que quiere vestir como
el pueblo, como los más, sin diferenciarse de la gente, sin ir mal
vestido para presumir de ello? No cabe duda que los grandes hipócritas a que se refería harían ostentación de esto último; ¿y de
vestir de modo diferente, quiero decir, con hábito? Parece probable. Pero también puede ser mera introducción al tema que sigue
inmediatamente, que es el de la templanza.
   El tema de la templanza no es sino nuevo aspecto de la exposición de su concepto de virtud: quiere imitar al pueblo en el vestido «sin presumir de roto y mal ceñido»: ni resplandores de oro
y color en el traje, ni tampoco desaliño y rustiqueza. Pero lo mediano del traje no es, a su vez, sino paso al elogio general del
término medio:

> Una mediana vida yo posea,
> un estilo común y moderado,
> que no le note nadie que le vea.   (vv. 172-174)

Y hemos de ser indiferentes a los bienes usados por nosotros: porque pudo algún pecho heroico beber en un mal cocido cacharro, como si fuera un precioso vaso múrrino, y alguno, ilustre y generoso, emplear para lo que se suele usar el más vil recipiente, un cristal luminoso y exquisito. Templanza en todo: la muerte me llegue también callada y no con grandes patetismos.

Ha terminado su exposición de la idea de la virtud, y se dirige de nuevo a su amigo. Mira ahora hacia atrás, a lo que ha dicho. Así, Fabio, continúa, se me manifiesta la verdad, y mi voluntad lo acepta y se propone llevarlo a efecto. Y le ruega al amigo que no atribuya a la retórica el ardor de sus palabras, y que no se burle de su esperanza:

> No te burles de ver cuánto confío,
> ni al arte de decir, vana y pomposa,
> el ardor atribuyas de este brío.   (vv. 190-192)

¿Por qué no ha de poder verse cumplida su esperanza? Los vicios llevan, a veces, a grandes empresas, aunque malas. Pues, ¿no podrá osar la virtud grandes hechos, tutelados por ilustres genios?

Ahora, en los cuatro versos finales, anuncia su rompimiento con todo lo que, incauto, amó, e invita a su amigo —«dulce amigo» le llama— para que venga a contemplar el alto fin a que aspira, antes que el tiempo se acabe con el morir.

PARTES Y ARTEJOS

En las páginas anteriores he procurado explicar el contenido de la *Epístola* y señalar someramente al mismo tiempo el modo de expresión que acompaña a las variaciones del contenido. Esto puede bastar al lector aficionado a la literatura.

Para quien se sitúe ante el poema como un objeto indagable, propongo ahora un nuevo análisis en que trato de mostrar más de cerca los vínculos discursivos, los modos de la exposición unas veces serenamente doctrinal y otras más o menos afectiva, los aliviaderos de la lectura, en forma de ejemplos o de diáfanas y netas imágenes, etc.

En el primer análisis establecíamos cuatro divisiones (vv. 1-114, 115-186, 187-201 y 202-205). Para este nuevo intento de análisis buscamos, dentro de las que hemos llamado partes «primera» y «segunda», porciones más pequeñas que tienen una función especial en la arquitectura de la *Epístola*, y frecuentemente, una unidad de contenido. Designaremos con números romanos estas subagrupaciones.

Cada lector tiene una apetencia singular y busca en un poema objetos distintos. La consideración y agrupación de elementos en este análisis nuestro es personal y en cierto modo intransferible. Es más bien una invitación a que cada lector haga el suyo propio.

I. (vv. 1-30) *La vida del cortesano, opuesta a la grandeza de espíritu.* Ligaduras de la ambición cortesana; necesidad de romperlas; necesidad de estar preparados para la desgraciada fortuna; héroe es quien merece serlo. En manos de los privados está la administración de justicia, y los malos son preferidos a los buenos. ¿Qué espera la virtud en medio de la iniquidad de la corte?

Exposición doctrinal dirigida a Fabio (avivada con dos poderosas imágenes: prisiones de la ambición; avenidas del Guadalquivir).

II. (vv. 31-57) *Imperativos a Fabio para que busque el sosegado retiro.* Es la consecuencia práctica de lo expuesto doctrinalmente en I: vuelve a Sevilla, tu patria; retírate al sosiego; limita tus deseos. En la corte tendrás que estar siempre atisbando el humor del privado, que embolsa tus regalos y olvida tu pretensión: deja la sed de cargos.

Imperativos, y un pasaje de exclamación afectiva (vv. 52-54). Se introduce como eficaz ejemplo la bella imagen del ruiseñor en el bosque. Algunos versos de concentración especialmente intensa: 54, 56-57.

III. (vv. 58-93) *No esperar en el mañana. Aprender a morir. Brevedad de lo temporal.* Un último imperativo («Iguala»), como prolongación de los de II, introduce un nuevo tema, éste de alcance ya general: no esperemos del mañana; nos estamos muriendo mientras vivimos; aprendamos a morir. Todo el resto del contenido de III son ejemplos de la brevedad de lo temporal: Itálica, los imperios, el día, el heno, los ríos, las mieses, las flores, el otoño, el invierno, las hojas.

Afectividad realzada por las imágenes que sirven de ejemplo, y por la variación estilística (alternancia de frases expositivas y afectivas; cambio entre exclamaciones e interrogaciones).[6]

IV. (vv. 94-114) *Debemos dar nuestro fruto, apartados de los falsos objetos de la ambición. La razón nos señala nuestro alto fin.* Temamos (pluralización del sujeto) al Señor; correspondamos a sus beneficios; no es nuestro fin la ambición de oro o poder; estamos llamados a mayores acciones y más noble objeto. La razón —dice el poeta— así me lo revela y en mi pecho se despierta voluntad de cumplirlo.

Exposición doctrinal (vv. 94-99) en la que se introducen los ejemplos de la tierra y la vid infértiles (vv. 97-99). Sigue, en segunda persona (como dirigiéndose otra vez, intensamente, a Fabio), una pregunta afectiva, de las que niegan preguntando (vv. 100-104), y a continuación la exclamación intensamente afectiva que confirma la esperada respuesta (v. 105). Exposición doctrinal (vv. 106-108). En los vv. 109-114 se refiere a ella («Así»), atribuyendo a la «sacra razón y pura» la iluminación que se ha producido en el poeta, que habla aquí de algo que ha pasado dentro de su propio espíritu. Queda de este modo preparada la exposición personal del programa de virtud que constituye la parte segunda.

V. (vv. 115-132) *Propósitos del poeta (para seguir la llamada de la razón): vivir retirado. Sencillez de la virtud; basta satisfacer las necesidades naturales.* Consecuencia práctica de lo expuesto en IV: vivir callado y retirado. El oro almacenado apenas puede ya comprar el vicio; la virtud es más barata: un rincón, un amigo, un libro, una comida sencilla; eso es lo que podemos pedir a la naturaleza.

---

[6] Están también cuidadosamente alternadas las personas verbales. Comienza como dirigiéndose aún a Fabio («Iguala», «pasarás», etc., vv. 58-63). Continúan ejemplos expuestos objetivamente, pero la reflexión versa sobre el destino común de los seres humanos (vv. 64-71). Pasa a interrogaciones muy afectivas —por la insensatez humana—, y como si el poeta se la reprochara a sí mismo ('¿Será posible que alguna vez pueda llegar a comprender el carácter ilusorio de la vida y que, viviendo, la muerte va conmigo?'); y sigue una admiración también muy afectiva y avivada con la imagen de la «mies inútil»: todo en primera persona singular: «[yo] pueda», «soy llevado», etc. (vv. 72-87). Vuelve a la exposición objetiva (vv. 88-90). Para terminar pluralizando el sujeto de estas reflexiones («vivimos», «vivimos»), preparando el plural con valor imperativo con que se comienza IV.

Habla ahora en primera persona para exponer su programa a Fabio. Exposición de modesta serenidad sólo alterada por la hipérbole contra el atesoramiento del oro (vv. 118-122) y por una exclamación afectiva (vv. 124-126) contra la ambición comercial.

VI. (vv. 133-153) *No por aborrecer el vicio el poeta se cree ya virtuoso. La virtud, ejercicio gradual.* Vuelve a dirigirse a Fabio (aunque sin nombrarlo). No por lo dicho en V se le podrá, sin más, tener al poeta por virtuoso; no es ser virtuoso aborrecer el vicio y despreciar el placer; son sólo los necesarios escalones para comenzar el camino a la virtud. Razonadora exposición, bellamente animada por la imagen de los grados desde flor a fruta sabrosa (vv. 145-150).

VII. (vv. 154-186) *Violento rechazo de los hipócritas que se fingen virtuosos; moderación en todo.* Aparente interrupción de la materia; en el fondo, este pasaje está ligado a lo inmediato anterior. La idea, rechazada en VI, de que se pudiese creer que alardeaba de virtuoso, es la que produce la reacción del comienzo de VII: él es sólo un principiante, pero no se dejará arrastrar por esos simuladores que aparentan virtud, podridos por dentro. No usará vestidos ostentosamente pobres ni andrajosos, sino que se atendrá al vestir común de la gente; y en las costumbres, sólo seguirá a los mejores. Moderación en el vestido, en el modo de vivir: no llamar la atención en nada. El poeta desea también morir silenciosamente.

Pasaje intensamente afectivo, realzado y variado en su comienzo respecto al tono habitual de la *Epístola*, por la fórmula denegatoria inicial («No quiera Dios que...»). El poeta acumula adjetivos y sustantivos, contra su costumbre, para caracterizar a los hipócritas. Sigue la bella imagen del aire en las montañas (vv. 160-162), y, como otras veces, se da a continuación el plano real de la imagen (vv. 163-165). Viene luego una serena exposición desiderativa de la templanza. Ejemplo de los ánimos generosos que usaron con indiferencia los bienes: los cacharros de bajo precio, como si fueran vasos de materias suntuosas, y viceversa. El poeta ha dejado esta consideración de la templanza como punto final de su exposición de la verdadera virtud. Aumento de intensidad afectiva en la invocación a la muerte.

VIII. (vv. 187-201) *Es la parte que hemos llamado antes «Reconsideración». El poeta se propone cumplir lo que la razón le ha mostrado.* (Compárese vv. 100-114.) La voluntad se apresta a cumplir el programa de conducta expuesto en toda la «Segunda parte». Que su amigo no se burle de esos grandes propósitos. ¿Por qué no ha de ser poderosa para realizarlos la virtud, altamente ayudada, cuando tanto esfuerzo ponen y tantos peligros arrostran los vicios para sus fines?

El poeta habla directamente a Fabio, al que nombra. Argumentación suasoria, movida con el uso de interrogaciones, en los versos 193-201.

IX. (vv. 202-205) *Es lo que hemos llamado «Final».* El poeta se ha retirado de todos los engañosos vínculos del mundo. Se dirige a Fabio («dulce amigo» le llama) y le invita a que venga a contemplar el grande fin a que aspira («alto fin», según otra versión), antes que el tiempo se extinga con nuestra vida.

Concentración de contenido en el último verso; nótense sus dos sinalefas.

En nuestro primer análisis pudimos observar que, curiosamente, la mención nominal («Fabio») del amigo (una vez, sustituida por «dulce amigo») sólo aparecía en las dos grandes divisiones que considerábamos («Primera parte» y «Segunda parte») y en las otras dos divisiones (éstas, breves) a que hemos llamado «Reconsideración» y «Final». Sólo estas cuatro veces aparece, al principio de cada una, llamada en vocativo, la persona a quien se destina la carta.

Consideremos ahora nuestro segundo análisi en el que hemos querido aproximarnos más a la contextura de la carta y encontrar los, por decirlo así, eslabones o artejos menores que se ligan y articulan entre sí para formarla. De estos nueve eslabones, el principio de cuatro coincide con el de las divisiones del análisis primero:

(Primera parte) I. Fabio, las esperanzas cortesanas   (v.   1)
(Segunda parte) V. Quiero, Fabio, seguir a quien me llama   (v. 115)
(Reconsideración) VIII. Así, Fabio, me muestra descubierta   (v. 187)
(Final) IX. Ya, dulce amigo, huyo y me retiro   (v. 202)

En otros tres encontramos imperaciones dirigidas directamente a Fabio, aunque ahora sin nombrarlo:

II. Ven y reposa en el materno seno   (v. 31)
III. Iguala con la vida el pensamiento   (v. 58)
VI. No, porque así te escribo, hagas conceto (v. 133)

En otro hay también imperación, aunque el sujeto es plural: incluye a Fabio y al poeta (y en último extremo a todos los hombres):

IV. Temamos al Señor, que nos envía   (v. 94)

En fin, en un comienzo de artejo, lo característico es la fuerte y fuertemente expresada invasión del sentimiento personal del poeta:

VII. No quiera Dios que siga los varones   (v. 154)

Ocurre, pues, que estos artejos, artículos o eslabones de la *Epístola* comienzan siempre o con imperaciones al amigo (II, III y VI), o al amigo y al poeta mismo (IV), o son las explicaciones o declaraciones personales con ánimo también de mover a Fabio (I, V y VIII), o aseveran con intenso énfasis el sentimiento y voluntad del poeta (VII).

Parece como si el autor, sea de un modo consciente, sea por esos profundos codazos o advertencias de lo que se solía llamar la inspiración, se hubiera dado cuenta de la necesidad del cambio de atención o dirección al comienzo de cada uno de estos que llamo artejos o eslabones, y hubiera sentido la precisión de subrayar el cambio de un modo al par estilístico y de contenido.

Porque véase ahora, en rápida enumeración, la sucesión del contenido de los nueve artejos:

Primera parte: consejos a Fabio

I. Fabio, es necesario romper las ligaduras de la corte (exposición doctrinal).
II. Vente a Sevilla (aplicación a la conducta práctica de la exposición anterior).
III. Despreocúpate del mañana (aplicación a la conducta moral de la doctrina de I).
IV. Aplicación al fin trascendente.

Nótese la gradación de II, III y IV; aconseja tres aplicaciones de I: práctica (II), moral (III) y trascendente (IV).

Segunda parte: programa del poeta hacia la virtud

V. Quiere el poeta seguir la voz que le llama. Vivirá en apartamiento, satisfaciendo sólo las necesidades imprescindibles.

VI. No se cree, por sólo eso, virtuoso; la adquisición de la virtud es gradual.

VII. No seguirá a los hipócritas que se exhiben como perfectos. Moderación y no llamar la atención en nada, ni aun en el morir.

En V, VI y VII se expone cómo el poeta piensa realizar su plan de virtud (V), sin presumir ya de virtuoso (VI), ni menos imitar a los hipócritas que lo fingen (VII).

Reconsideración

VIII. Esto le muestra al poeta la razón y su voluntad lo desea; cree que podrá cumplir su programa.

Final

IX. Ya rompió los falsos ligamentos del mundo. Invita a su amigo a que venga a ver el grande fin a que el poeta aspira.

La *Epístola* está planeada y desarrollada con un gran sentido de equilibrio y complemento de partes y con una ordenada variedad de los artejos que las forman. Su construcción es eminentemente discursiva. El poeta ha buscado una ponderadísima diversificación retórica y ha eliminado los vínculos explicativos. Ha procurado alternar la expresión expositiva con la afectiva. Lo afectivo está señalado, unas veces por el uso de exclamaciones y otras por interrogaciones (interrogaciones suasorias que presuponen ya su exacta respuesta). Ha introducido también imágenes de gran belleza y nitidez; tales imágenes muchas veces tienen valor de ejemplo; y se dudaría en si llamarlas lo uno o lo otro. Unas y otros hábilmente esparcidos a lo largo del poema, avivan la atención del lector. Y hay unas cuantas imágenes heridoramente penetrantes, certeramente intuitivas, que quedan vibrando, imborrables, en nuestra mente, y lo mismo ocurre con algunas prensadas condensaciones de pensamiento en la palabra. Ésta se amolda de modo extraordinario al verso, y llena en justa plenitud la estrofa. Tal suma de aciertos, ¿fue la obra de un sabio medidor y equilibrador de elementos, o manó de esa sabiduría no planeada que es la intuición creativa? No lo sabemos. Sí, que la impresión en el lector es que todo cayó en su sitio justo y con las palabras precisas y exactas que lo tenían que decir. No hay en toda la literatura española otro poema con estos rasgos de serenidad, de contención, de precisión, de felicidad conceptual y expresiva.

3. ESTILO

Nada más que con aproximarnos a la *Epístola Moral* vemos aparecer con una cara muy distinta algunas de nuestras ideas sobre poesía española, y aun —materia mucho más amplia— sobre la estructura de la obra literaria en general.

Si buscamos en literatura española los autores cuyas obras por su contenido y su expresión puedan considerarse más próximas a la poesía de la *Epístola Moral a Fabio*, los nombres que surgen inmediatamente son los de fray Luis, los Argensola, Medrano, Rodrigo Caro, Quevedo, Rioja..., unos considerados en casi toda su obra, otros por algunos aspectos o partes importantes de ella.

La primera consecuencia es que hay por lo menos en algún sector de la poesía del Siglo de Oro un espíritu unitivo de determinadas afinidades que pasa por encima de todos nuestros límites geográficos internos. Habrá, creo, que considerar con mucho recelo, y quizá definitivamente arrinconar, esos nombres de «escuela de Salamanca», «escuela de Sevilla», «escuela aragonesa».[7]

La segunda consecuencia es de un alcance mucho mayor; afecta a las relaciones mutuas de lo que ordinariamente se suele llamar «fondo» y «forma». Si volvemos la vista a esos tipos de poesía,

---

[7] Algo entrevió de esto don Adolfo de Castro [1875] cuando observa, contra la opinión corriente de una sola escuela sevillana, que existen en realidad dos: una la de Herrera y sus seguidores, entre los que coloca a Rioja; otra, «que usó muy parcamente del estilo de Herrera» y «dirigió todas sus miras a la filosofía moral», en la que incluye a Medrano, a Caro, a Soria Galvarro, a Fernández de Andrada y, hasta cierto punto, a Arguijo y a Jáuregui. Fina observación, como para discutida en pormenor, pero la crítica parece no haberla tenido en cuenta, quizá por herencia del siglo XIX, que nunca le perdonó a don Adolfo la travesura del *Buscapié*. Esta escuela poética atenta a la «filosofía moral» establece inmediatamente un fuerte vínculo con lo que generalmente se entiende por «escuelas» aragonesa y salmantina.

como los que hemos enumerado, más próximos a la *Epístola*, nos encontramos con que todos ellos, en cuanto al contenido están dentro de una gran tradición, la del pensamiento estoico. Es notable: en todos ellos hay también una afinidad o semejanza expresiva, «formal» si se la quiere llamar así. Esto nos hace adivinar una unión, una vinculación entre los medios expresivos y el contenido: la comunidad o proximidad del contenido busca, o más bien impone, cauces estilísticos también afines. Varias veces hemos insistido en que el único objeto de una indagación literaria estricta es el «signo literario», es decir, el acoplamiento indestructible del «significante» y el «significado» literarios, o, con otro nombre, de la «forma exterior» y la «forma interior». Podemos intentar la aproximación por la parte exterior (es, sobre todo con ciertos autores, lo más sencillo) o por la interna. Es el «signo literario», donde ambos aspectos se unen, el único verdadero objeto de nuestra indagación.

Existiendo, pues, cierta afinidad estilística entre los cultivadores españoles de una poesía de tradición estoica, nuestro problema puede ahora concretarse en este otro: tratar de diferenciar el estilo de la *Epístola* de los de esos escritores más o menos próximos. Ninguno más que Medrano; ya un curioso del siglo XVII le atribuyó la *Epístola Moral* por «el estilo y materia».

El curioso tenía conocimiento y sentido literario; el análisis nos revela no sólo una comunidad de muchos temas entre Medrano y Fernández de Andrada, sino expresiones, giros, fórmulas, voces, a veces iguales, a veces de gran semejanza. Y sin embargo, no basta eso; ahondando más en el análisis, se llega a ver que la estética de Medrano y la expresión en que se vertía eran muy distintas de las del autor de la *Epístola*, no sólo en ella, sino también en su otra obra poética conocida, el fragmento de poema que de Andrada nos ha quedado.

Señalar las diferencias muy grandes que existen entre el estilo de Medrano y el de la *Epístola* equivale a excluir la candidatura de Medrano para autor de ella; pero Medrano era precisamente el poeta que a primera vista podría presentar más títulos.

Medrano es un poeta de gusto clásico. Esto es lo que vino a decir Menéndez Pelayo. Hemos dedicado un libro[8] a mostrar

[8] Alonso [1948:121-313; 1974:135 y ss.].

que esa definición sería exacta si no fuera insuficiente: Medrano
es un poeta clásico, pero su clasicismo es preciosista, manierista.
No tenemos más remedio que detenernos aquí algunos instantes.
Nombres como «barroquismo», «manierismo», etc., están usados de muchos modos distintos por la crítica. Yo llamo habitualmente «manierismos» a los artificios y preciosismos que aparecen
en los escritores del siglo XVI, a veces en poetas de un esteticismo
clásico que quiere ser muy refinado: Varchi, entre los italianos,
o su imitador español Francisco de la Torre. Bien se ve cuán dis-
tantes están estos poetas del espíritu del futuro barroquismo. Es
una poesía estetizante; en el fondo, de tonalidades frías, muy distante del hervor, de la explosión de vida, de la embriaguez de
fuerzas naturales que en arte llega con el barroquismo. Estos «manierismos» —por el delicado trabajo de los pormenores— estarían
en arte más cercanos a algo como un «plateresco», pero tampoco
esa expresión, tomada de la arquitectura, puede ser usada sin peligro, entre otras cosas porque no coinciden bien las fechas. En
varios de los principales poetas españoles de la segunda mitad del
siglo XVI, existen estos manierismos: así en Herrera y aun en
fray Luis, pero en ellos están muy espaciados; mucho más adensa-
dos, en cambio, se hallan en Medrano.

En el citado libro he aducido algunos de los más frecuentes
manierismos en ese poeta. Después publiqué un artículo en que
expongo los argumentos que hacen imposible la atribución a Medrano de la *Epístola*. Extracto en lo que sigue algunos de carácter
estilístico, pues nos conviene ahora tenerlos ante los ojos.[9]

Las afectaciones de Medrano en el léxico van a veces hacia reiteración de voces con matiz arcaizante: *asaz* y *lo asaz*, cuando ya
el *Diálogo de la lengua* lo había arrumbado; *ledo*, que ya Covarrubias lo tenía por «vocablo antiguo»; *cedo*, caracterizado como arcaísmo, tanto por Góngora como por Quevedo. Más frecuentemente su afectación va hacia un italianismo, con el que en ocasiones
se mezcla el cultismo latinista: como el uso de *pero* pospuesto
(«tal, pero, es...»); *así*, por 'tan' («con así grave injuria»); los
compuestos con *mal* (*malpróvido, malvalientes, maldulce*...); *nos* por
'nosotros' (que es a la par arcaísmo). Los cultismos de acepción:
permitido 'entregado, abandonado'; *inconstante* 'movedizo, temblón';
fatigar la vida, sédulo, aquistar.

[9] Alonso [1958:372-384].

Algo más fuertes son las afectaciones del estilo de Medrano por lo que toca al hipérbaton: abundan en él, desde luego, los que son usuales en otros poetas del siglo XVI, como anteposición de la voz introducida por *de*, con relación a su núcleo («de así gentiles pechos dina empresa»); separación de adjetivo («ni en las miserias vivas toda humanas»); separación de demostrativo con relación a su sustantivo («aquella sola, Flavio, suerte una»); descolocación de verbos («Tú al mar violento / y expuesto vas al viento»); descolocación de adverbios de negación («¿qué no montes hollamos?» '¿qué montes no hollamos?'); inversión en exclamaciones e interrogaciones («fáltale ¡oh, cuánto! / a quien mucho desea»; «Mas, ¿qué, jamás, huimos, / o qué guiados de razón seguimos?» 'Mas, ¿qué huimos jamás o qué seguimos jamás guiados por la razón?'). Pero la cita de ejemplos aislados no nos dará una clara idea de lo que es el hipérbaton en Medrano, de la frecuencia o aun a veces la acumulación y el repunto de esteticismo preciosista con que lo emplea. Véase un ejemplo solo:

De otras que restan dos, ¿qué está ocupada
de tierra con los mares?

Si este ejemplo es extremado, no queda lejano de otros muchos que abundan en la breve obra de don Francisco de Medrano. Algunas veces el hipérbaton le venía ya sugerido por su modelo Horacio.

Frecuentes y característicos de Medrano son los estilismos reiterativos; aunque la lengua hablada los use muchas veces, en el poeta sevillano son una «manera»: reiteración del adverbio para negar («No envidies, no, malprovido, Salicio»); reiteración de otros adverbios («Santiso, ¿ahora, ahora, la riqueza / de los Ingas envidias...?»; «menos ya, menos, oyes las aldabas»). En realidad cualquier palabra puede ser reiterada («Aquel, aquel descuido soberano»; «¿y a quién fue Apolo, a quién, así clemente...?»). A veces las reiteraciones se amontonan con afectación extravagante:

Ya, ya, y fiera y hermosa,
madre de los amores, quebrantado
desamparé tu enseña. ¿Y tú, envidiosa,
a mí, tú, a mí?...

En fin, no podía faltar en Medrano uno de los manierismos más favorecidos por la poesía del siglo XVI: la correlación. De ella ofrece unos cuantos casos complicados y bien característicos, unos de correlación progresiva, otros de tipo diseminativo-recolectivo, etc.

No cabe duda: Medrano buscaba una expresión refinada, exquisita, lejos de las formas más usuales. Lo curioso es que había una evidente contradicción entre su pensamiento y su práctica de la poesía:

> Cansa la vista el artificio humano
> cuanto mayor más presto: la más clara
> fuente y jardín compuestos, dan en cara,
> que nuestro ingenio es breve y nuestra mano.
>   Aquel, aquel descuido soberano
> de la Naturaleza, en nada avara,
> con luenga admiración suspende y para
> a quien lo advierte con sentido sano...

Consecuente con la doctrina estoica de la templanza dirá, hablando de la toga, «que el desaliño afea». Pero Medrano, al huir del desaliño se pasa y llega a entrar en el campo de la afectación. En la *Epístola Moral* encontramos la misma doctrina y para ella se menciona también, de modo semejante, el traje (Medrano y la *Epístola* tienen aquí fuentes comunes), pero la *Epístola* nunca se sale del límite de la moderación absoluta.

Admitiendo la validez de la distinción fundamental de Antonio Machado, no hay duda de que la *Epístola* es un haz entrelazado de máximas de carácter general y absoluto. Y esto, unido al hecho, ya señalado, de que casi todas tienen evidentes antepasados, más o menos directos, en la filosofía estoica, y sobre todo en Séneca, hace en absoluto indispensable que tratemos ya de explicar en qué consiste la alta calidad de este poema, puesto que esa calidad, primero, la hemos sentido; y, luego, es el motivo de nuestra dedicación a su estudio.

¡Cómo sentimos, intuimos, esa calidad! ¡Y qué difícil es explicarla! Tomemos Góngora, Garcilaso, fray Luis... De todos podremos extraer rasgos positivos que nos corporifiquen imaginativamente sus valores. Pero la *Epístola*... La *Epístola* es como agua y de agua, como aire y de aire. Hay museos en los que el guía, al comentar una naturaleza muerta, suele decir: «Observen el vaso de agua: un vaso de agua es lo más difícil de pintar». Pues la *Epístola* es un vaso de agua purísima que apuramos deliciosamente. Quiere esto decir que lo primero que vemos en ella son calidades negativas. Nada, absolutamente nada de barroquismo; ni tampoco de ese deleitarse en recargos esteticistas de lo clásico, de que son ejemplo Francisco de la Torre[10] o Medrano, y en menor grado Herrera y aun el mismo fray Luis de León.[11] La atmósfera estética de la *Epístola* se mantiene siempre noble, pero homogénea: no se condensa aquí y allá en estilismos preciosistas como los que, con las variaciones indicadas, se dan en esos autores. Si pasamos a contemplar más de cerca la *Epístola Moral*, podremos comprobar que ninguna de estas ligeras afectaciones, que sólo alguna vez llegan a extravagancias (especialmente, como ejemplo más importante para nosotros, las de Medrano), se encuentran en la *Epístola*.

En ella la pureza y diafanidad del léxico son extraordinarias: el autor supo escoger sus voces en la mejor cantera del idioma y casi siempre eligió piezas tan durables que el español del siglo XX las reconoce como aún corrientes en el habla literaria de hoy. No le pueden extrañar formas como *do* (vv. 2, 68, 104) por 'donde', o *pece* (v. 38) por 'pez', que han sido usadas por la poesía durante varios siglos. Ningún poeta emplearía hoy *do*, pero se usaba aún, abundantemente, en el siglo pasado. Hay unas cuantas —muy pocas voces— que pueden en la *Epístola* producir alguna pequeña dificultad, o por lo menos extrañeza en el lector moderno: *greciano* 'griego' (v. 64); *afectar* 'desear con ahínco, procurar' (v. 117); *supuesto* 'suposición firme, premisa' (v. 139); *mensurar* 'medir' (v. 146); *argüir de* 'tachar o tildar de' (v. 195). La mayor parte de estas voces tienen otras relacionadas con ellas en la lengua moderna.

También pueden sorprender al lector unas cuantas fórmulas como *será que* 'será posible que, ocurrirá que' (vv. 72, 73); *hacer conceto* 'formar idea' (v. 133); o casos como *sin alguna noticia* 'sin noticia alguna' (v. 81).

No creo que en el terreno del léxico y de fórmulas idiomáticas

---

[10] Véase Campo [1946:385-392] y Alonso [1962:31-36].
[11] Véanse casos extravagantes, en Herrera y fray Luis, que hemos citado en Alonso [1935:164-165 y 187; 1948:184 y 199-202].

haya muchas más dificultades en los 205 versos de la *Epístola*. En cualquier poema de los menos envejecidos de los primeros años del siglo XVII, el lector culto, no especialista, de hoy, encontraría por lo menos tantos tropiezos. Todas esas expresiones de la *Epístola* están acreditadas en escritores de aquella época; ninguna de ellas tiene ese regusto de afectación que en seguida notamos en tantas voces y fórmulas de Medrano, como las que hemos antes escogido para ejemplo.

Esta sensación de medida que por todas partes encontramos en la *Epístola* resalta muy especialmente en lo que toca al orden de las palabras. Léase el poema despacio: es prodigioso observar cómo en cualquier frase el orden de nuestro pensamiento se siente perfectamente acompañado por el de las palabras, y el de éstas al mismo tiempo se ajusta al más normal en el decir castellano.

La historia del hipérbaton es larga y a veces da muchas sorpresas: hay inversiones usadas en literatura desde los comienzos del idioma; y otras ya más violentas a la norma común, que se encuentran en Garcilaso, las vemos también y a veces bien extravagantes, hasta en fray Luis, y no digamos en Lope; el hipérbaton, en Medrano, era, como acabamos de ver, una inclinación habitual del poeta. No nos extraña que la poesía ascendiera un escalón más y diera en el enmarañamiento de las *Soledades* de Góngora.

Aun las mismas inversiones más frecuentes en la poesía del siglo XVI y tan abundantes en él que ya ni casi son tenidas por tales inversiones (por ser modos comunes del habla poética), aun éstas son sumamente raras en la *Epístola*. He podido contar una docena escasa de ejemplos, pero casi todos frecuentes en el habla poética del Siglo de Oro y varios en el habla popular de todos los tiempos. Para llegar a esa cifra de cómputo me ha sido necesario incluir tipos de inversión que son ya connaturales en la expresión literaria desde los más antiguos monumentos, como ocurre con la separación, respecto a su núcleo, de la preposición *de*. Existe ya en el primer verso del *Poema del Cid*: «De los sos ojos tan fuertemientre llorando». En la *Epístola*: «de la severa muerte dura mano» (v. 86), «de esplendor y de rayos coronada» (v. 111), «de la virtud infames histrïones» (v. 156), «de doblados metales fabricada» (v. 186), «el ardor atribuyas de este brío» (v. 192), «de más ilustres genios ayudadas» (v. 201). Una vez podemos notar la separación del demostrativo con relación a su sustantivo: «Así

aquella que a solo el hombre es dada / sacra razón y pura...»
(vv. 109-110). ¿Consideraremos como inversión mencionable «cuanto de Astrea fue» (v. 26) si podemos decir *lo que de Pedro quedó*?
¿O «y la luz vuelve a arder que estaba muerta» (v. 114) cuando
podemos, a cada paso, oír cosas como *y la luz volvió a arder, que
estaba apagada*? Una sola vez encuentro la inversión en exclamaciones: «¡Oh, quien así lo entiende, cuánto yerra!» (v. 105); pero
este caso dista mucho de la extrañeza, y aun del embarazo que
le producen al lector muchas de las abundantísimas inversiones
exclamativas que se hallan en Medrano,[12] a quien no cabe duda
le gustaban de modo extraordinario y las usaba con un sentido
efectista, afectivo y, al mismo tiempo, de separación de la expresión vulgar.

Pongamos aquí ahora para recuerdo y como contraste con la
casi nulidad de casos de hipérbaton en Andrada, el principio de
la *Canción a las ruinas de Itálica*, de Rodrigo Caro:

> Estos, Fabio, ¡ay, dolor!, que ves ahora
> campos de soledad, mustio collado...

Toda la expresión está hiperbatonizada. Nada ni siquiera que se
aproxime a esto en la *Epístola*; ni tampoco nada parecido a otras
inversiones menos osadas de la misma pieza de Caro:

> Aquí de Escipïón la vencedora
> colonia fue...

Lo que respecto al hipérbaton nos ofrece la *Epístola* se podría considerar un prodigioso aproximarse al vacío absoluto.

¿Se descubre algo cuando en la *Epístola Moral* se busca si valores
del exterior de la palabra (es decir, del significante) tienen en ella
un efecto de resonancia o refuerzo de los valores del contenido
(del significado)? Mucho se logra así en otros poetas, de un modo
sumamente notable en Garcilaso o en Góngora. Hay que contes-
tar que en la *Epístola*, al aplicar tal método, la cosecha es mínima,
se aproxima a nula.

El mismo hipérbaton, que acabamos de considerar, pertenece

---

[12] Alonso [1948:189-191].

a los elementos del significante que pueden producir una intensificación en el significado. Pero ya hemos visto que en la *Epístola* lo notable es la casi total ausencia de inversiones y que las que aparecen son de las más corrientes y casi incorporadas como uso normal al idioma. Y sin embargo, esta misma ausencia de efectos del significante nos revela algo valioso para nosotros. Es que en la *Epístola* el significado discurre con tal fluidez, con tal continuidad lógica, que rechaza, por decirlo así, rompimientos, hiatos mentales como los que a veces en otros poetas permiten ese juego de acciones y reacciones entre el significante y el contenido. Dirá Góngora:

> Con vïolencia desgajó infinita
> la mayor punta de la excelsa roca...

La violencia estaba ya en el contenido. Se ha exacerbado al separar el sustantivo «violencia» de su adjetivo «infinita», por la interposición de «desgajó».[13] Al arrancar el adjetivo separándolo de su sustantivo, parece que la violencia se multiplica por la violencia hecha a la violencia. Nada semejante en la *Epístola*: su contenido rechaza en general la violencia, y suele ser moderado aun en el rechazarla.

Ese ejemplo de Góngora puede serlo de la doctrina general que he expuesto en otros sitios —y que resulta útil también cuando consideramos el caso especial de la *Epístola*—: todo procede del significado; el significante sólo puede operar intensificando lo que ya inicialmente existe en el significado.

Busquemos otros posibles casos de refuerzo del significado por los elementos exteriores de la palabra. Por ejemplo, en el encabalgamiento.

De acuerdo con la teoría general que acabo de exponer, los encabalgamientos intensifican unas veces la suavidad y otras la aspereza o la pujanza o el esfuerzo (porque todo procede de lo que haya en el significado). En Garcilaso, en otras ocasiones, he presentado ejemplos ya de lo uno, ya de lo otro.[14] En la *Epístola* podemos encontrar algunos ejemplos de eficacia intensificativa del

---

[13] Efecto aumentado por el hiato en *vïo-*. Compárese Alonso [1967:300].

[14] Ejemplos de lenta prolongación del movimiento, o de melancolía, en Alonso [1957:64-66 y 99-100]; de fuerza, rapidez o violencia [*ibid*: 72-73, 88 y 89].

encabalgamiento. Hay dos casos evidentes; en los dos, lo intensi-
ficado es la rapidez o fuerza de un gran río:

> Como los ríos, que en veloz corrida
> se llevan a la mar, tal soy llevado
> al último suspiro de mi vida. (vv. 76-78)

El primer verso monta sobre el segundo; las erres (*ríos, corrida*)
aumentan la violenta velocidad. El otro ejemplo es aún mejor.
El poeta compara la invasión de adversos sucesos en nuestro vivir
con la fuerza invasora del gran río andaluz en una crecida:

> Dejémosla pasar como a la fiera
> corriente del gran Betis, cuando airado
> dilata hasta los montes su ribera. (vv. 19-21)

Más evidente aquí la fuerza del encabalgamiento por la necesidad de unir el adjetivo («fiera»), final del primer verso, con su
sustantivo («corriente»), comienzo del verso que sigue.

Si lo consideramos bien, el hallazgo de dos encabalgamientos
intensificativos en la *Epístola* no puede hacer variar nuestra ya expuesta opinión sobre el escaso efecto que en ella tienen los signifi-
cantes sobre los significados. Son dos ejemplos en que el contenido se refiere a ríos poderosos. Hay algo en la fluencia, ya suave,
ya violenta, de los ríos, que lleva como a pintarla, describirla,
imaginativamente, por la fluencia, ya mansa o ya arrebatada, del
verso. Ejemplos muy parecidos a estos dos los he estudiado en
otra ocasión en Garcilaso, y también en Torquato Tasso, en comparación con Góngora.[15] No nos extraña, pues, que el poeta de
la *Epístola* se dejara llevar por esa casi necesidad de trasponer el
violento avance de un río al violento avance del verso.

Tampoco encontraríamos algo positivamente revelador si lo in-
tentáramos en el terreno de la aliteración: una hemos señalado
de paso, pero se trata de la más vulgar (la de erres, que aparece
en español y en muchas lenguas casi siempre que la voz expresa
un contenido de ruido o de fuerza). Así ocurre también en la
Epístola en este ejemplo, que es de gran belleza:

---

[15] Véase la nota anterior; y también Alonso [1973:20-22].

¡Cuán callada que pasa las montañas
el aura, respirando mansamente!
¡Qué gárrula y sonante por las cañas!
 ¡Qué muda la virtud por el prudente!
¡Qué redundante y llena de rüido
por el vano, ambicioso y aparente!   (vv. 160-165)

El poeta compara fenómenos naturales (brisa suave en los montes, ruido del viento entre cañas) con características espirituales (virtud callada del prudente, ruidosa exhibición del farsante). En estos versos el contraste se establece entre 'silencio' y 'ruido' lo mismo cuando se habla de la naturaleza que cuando del ser humano. Al contenido 'ruido' corresponden erres (*gárrula, redundante, rüido*), con especiales notaciones intensificadoras: en *gárrula*, el esdrujulismo; en *redundante*, la acumulación de dentales; en *rüido*, el hiato. El 'estruendo' queda así recalcado. Con contrastada correspondencia, el 'silencio' (natural o humano) no necesita resalte alguno (pero notemos la gran cantidad de vocales *a* en los dos primeros versos y la abundancia de *u* en el cuarto). El pasaje resulta uno de los inolvidables de la *Epístola* y la virtud resbala en él con un aire purísimo, frente al redundante y alborotado estruendo. Pero todo ha sido producido con los medios no ya sólo más sencillos, sino casi inevitables en el lenguaje: porque la aliteración de erres es, como hemos dicho, prácticamente inesquivable para cualquier significado de 'ruido'.

Hemos visto cuán dificultoso es buscar en la *Epístola* rasgos positivos que caractericen a su estilo desde el punto de vista del significante. Apenas si hemos encontrado algo, prácticamente nada, al tratar de hallar en la *Epístola* los que de modo tan notable señalan a don Francisco de Medrano, contemporáneo del autor de la *Epístola* y próximo a ella en cuanto al contenido, rasgos como son el hipérbaton, las afectaciones de léxico, los estilismos reiterativos; podríamos también haber mencionado que en los famosos tercetos que estudiamos, faltan totalmente los versos plurimembres, las correlaciones, diseminaciones y recolecciones, etc. Todos estos rasgos se dan en Medrano y algunos de ellos, acá o allá, en Garcilaso, en Herrera y aun en fray Luis, y no digamos en Góngora.

Hay dos versos de la *Epístola* que parecen expresar el ideal estilístico del autor, ideal que de modo prodigioso logró realizar en su obra:

> un estilo común y moderado,
> que no le note nadie que le vea.   (vv. 173-174)

Para él se trata de un ideal estilístico mucho más amplio, vital: estilo de vida. Pero no nos cabe duda de que en su fórmula incluía también, como parte del estilo vital, el literario. El encanto de este estilo nos penetra. Pero no lo notamos: no sabemos cuál es, en qué consiste, su sencilla eficacia.

En el análisis del signo literario, siempre es lo más sencillo la clasificación y estudio de los elementos exteriores, es decir, los del significante. Los del significado han de intentarse primero como anatomía de la estructura poemática: ese ha sido nuestro empeño en páginas anteriores. El mundo espiritual al que pertenece la *Epístola*, su carácter pedagógico y suasorio, el matiz estoico de su pensamiento y el modo de encadenarse éste en la serie de artejos en que se desarrolla, en suma, el contenido y su modo peculiar de ahormarse, espero que hayan quedado suficientemente explicados. La unidad menor en ese tipo de análisis no podría pasar del juicio, desde el punto de vista lógico, o la sentencia, desde el gramatical.

En busca de un tipo de análisis del contenido por elementos menores de la sentencia, elegimos, por menos dificultoso, el estudio desde la perspectiva del contenido, de los adjetivos que figuran en la *Epístola*. La brevedad del poema permite presentar ante el lector una lista total de ellos; se incluyen en ella también los adjetivos sustantivados:

ADJETIVOS

* abatido 7
  acerbo 149
* activo 3
* adverso 11
  airado 20
* alto 91, 106, 143
* ambicioso 2, 165, 176
  antiguo 32, 53
* aparente 165
* aprisionado 50

* atento 157
* ayudado 201
  ayuno 37
* barato 122
  blando 36
* breve 67, 128
* bueno 29
* caído 9
* callado 116, 160, 182
  cándido 120

  cano 90
* caro 40
* cauto 75
* ciego 71
* común 87, 132, 158, 173
* contrario 17
* coronado 111
  cortesano 1
  desabrido 149

descubierto 187
* desierto 112
* difícil 135
* discreto 131
* divino 106
doblado 186
dorado 51
dórico 171
* dulce 40, 150, 202
* duro 86, 97, 112
eminente 42
* entero 10
escondido 48
fiero 19
* flaco 195
* forzoso 84, 142
* frío 69, 112
* fuerte 194
* gárrulo 162
* generoso 10, 178
* grande 20, 62, 204
greciano 64
hermoso 148
* honesto 132
* humano 33, 63, 151
* ilustre 178, 201
* importuno 16
* infame 156
* infausto 159
* inicuo 29
* inmóvil 93
* inmundo 157
* insigne 50
* inútil 85
* leve 47, 132

* lisonjero 49
luciente 120
luminoso 180
* lleno 164
* macilento 155
maduro 150
malceñido 168
maltostado 175
* materno 31
* mayor 107
* mediano 172
* mejor 167
* mísero 124
* moderado 173
* modesto 137
* molesto 141
* mudo 163
múrrino 177
* noble 108
nuevo 113
* opuesto 200
* osado 199
* oscuro 41, 159
* parco 131
pasado 79
* perfe(c)to 150, 181
perpetuo 63
* perseguidor 126
* plebeyo 7, 175
* pobre 46
* poderoso 12, 193
pomposo 191
postrero 84
preciado 177
preñado 184

primero 18
* propicio 138
propio 25, 141
* prudente 13, 163
* puro 110, 120, 148
raro 38
* redundante 164
repuesto 48
romano 65
roto 168
* sacro 110
salado 102
seco 71
* sereno 33
* severo 86
* simple 75, 203
* soberbio 118
* sólido 140
* sonante 162
* suspenso 9
tardío 96
* temeroso 8, 195
* temido 27
temprano 96
* terrible 16
* tonante 184
transparente 180
* triste 52
último 78
* vano 24, 61, 165, 191
veloz 76
verde 70
* vicioso 140
* vil 179
* vulgar 45

Teniendo en cuenta que algunos de estos adjetivos aparecen varias veces en la lista, el número de casos que ésta contiene se eleva a 171. Detrás de cada uno va el número del verso en que aparece.

Lo primero que notamos al repasar esa lista es la casi total ausencia de adjetivos que pudieran sugerir o resaltar una idea de color en el sustantivo correspondiente. Son muy pocos los que puedan darnos una sensación colorista o lumínica:

doradas rejas, 51
invierno *cano*, 90
razón ... / de esplendor y de rayos *coronada*, 110-111
cándido metal *puro* y *luciente*, 120
cristal *transparente* y *luminoso*, 180

Podría dudarse si añadir *oscuro*, 41, 159. Prescindiendo de él, son ocho casos distribuidos en cinco pasajes. De estos cinco pasajes, en tres (51, 120 y 180) la adjetivación colorista está usada para resaltar lo que debe desdeñar el varón virtuoso.

Notamos en seguida la gran abundancia de adjetivación de carácter espiritual. Entendemos aquí por espiritual todo lo que expresa calidad del espíritu humano o de sus acciones («el corazón *entero* y *generoso*», 10; «El ánimo *plebeyo* y *abatido*», 7; etc.), o que se refiera a cosa que pueda producir una reacción buena o mala en él («Esta invasión *terrible* e *importuna* / de *contrarios* sucesos», 16-17; «Busca, pues, el sosiego *dulce* y *caro*», 40; etc.). En la lista hemos señalado con un asterisco los adjetivos con valor espiritual. También van con asterisco aquellos que, usados varias veces en la *Epístola*, tienen valor moral en alguno de los casos; por ejemplo, *alto* tiene valor físico en «las *altas* selvas», 91, y espiritual sólo en «Esta nuestra porción *alta* y *divina* / a *mayores* acciones es llamada», 106-107, y en «cuán *forzoso* / este camino sea al *alto* asiento, / morada de la paz y del reposo», 142-144.

Según nuestro cálculo, de los 171 casos de la lista, 119 lo son con valor espiritual. El uso de adjetivos del mundo espiritual representa casi un setenta por ciento de todos. Es lo que corresponde al carácter de la *Epístola Moral* según lo habíamos encontrado en el análisis de contenido y articulaciones de ella.

Lo más frecuente es que cada adjetivo aparezca en la *Epístola* una sola vez. Es evidente que el poeta trató en ocasiones de evitar la repetición: cuando estudiemos las dos familias existentes de manuscritos (de las cuales, una es, creemos, corrección de la otra) podremos ver algunos ejemplos del exquisito cuidado que el autor ponía en no repetir su léxico. Moviéndose en un mundo de sustantivos abstractos y con una limitación de adjetivos a ellos aplicables, resultan por eso mismo especialmente interesantes los ejemplos de repetición del mismo adjetivo: pertenecen a ideas profundamente grabadas en la mente del poeta.

Los adjetivos usados una sola vez son 109; los que aparecen

dos veces, 15; tres veces, 8; cuatro veces, 2. Si de esos adjetivos repetidos eliminamos ahora los casos en que no están usados con valor espiritual, nos quedan unos cuantos bien característicos del profundo sentido unitivo de toda la *Epístola*. El poeta separa en su mente acciones y elementos favorables a la virtud y deseables en el virtuoso, por una parte, y por la otra los contrarios.

Aborrece todo lo *vano*, que en él equivale a lo falso («el *vano*, ambicioso y aparente», 165), lo no fundado y no merecido (premios conseguidos «por *vanas* consecuencias del estado», 24), y lo aplica también a la retórica hinchada («al arte de decir, *vana* y pomposa», 191). Pertenece también al campo reprobable lo *frío* y *duro* del corazón que no aspira a sus verdaderos fines («en la *fría* región, *dura* y desierta, / de aqueste pecho», 112-113); no seamos como la tierra *dura*, ingrata al cultivo (97); el *temeroso* y para poco queda también alejado de la virtud («El ánimo plebeyo y abatido / elija ... *temeroso*...», 7-8), porque la virtud misma no puede ser sino valiente y esforzada («No la arguyas de flaca y *temerosa*», 195). *Simple*, ingenuo, desprevenido, no avisado, es también tacha repetida («está unida / la cauta muerte al *simple* vivir mío», 74-75; «huyo y me retiro / de cuanto *simple* amé», 202-203).

Del otro lado están las cualidades gratas al poeta. *Dulce* es lo agradable al espíritu y por él deseable: *dulce* llama al amigo al fin de la *Epístola* (v. 202); y *dulce* es el anhelado sosiego («Busca, pues, el sosiego *dulce* y caro», 40. *Ilustre* y *generoso* es lo que corresponde al ánimo esforzado de quien es indiferente a los bienes y sucesos del mundo («el corazón entero y *generoso*», 10; «alguno tan *ilustre* y *generoso*», 178); *ilustres* son también los genios que favorecen las virtuosas acciones («de más *ilustres* genios ayudadas», 201). *Alta* es la mejor parte de nuestro ser («nuestra porción *alta* y divina», 106) y *alto* es el último fin al que debe tender el hombre («al *alto* asiento, / morada de la paz y del reposo», 143-144). *Común* representa lo que es uso general de la gente y debe ser buscado por el que practica la doctrina de la moderación: «algún manjar *común*» (v. 132), no refinado, no exquisito, es lo que puede pedir a la naturaleza el discreto y moderado; «un estilo *común*» (v. 173), que no pueda llamar la atención a nadie, es lo que debe desear el que practica la templanza. Repetido tres veces está también (próximo a *común* y casi su complementario) el adjetivo *callado*: así es la virtud semejante a la brisa en las montañas, frente al estruendo de los farsantes hipócritas («¡Cuán *callada* que pasa

las montañas / el aura», 160-161); el poeta desea pasar callado
por el mundo («y *callado* pasar entre la gente», 116); y aun pide
que la muerte le llegue sin bullicio, callada («¡Oh muerte!, ven
callada / como sueles venir en la saeta», 182-183).

Lo que estaba profundamente grabado en el corazón, brotaba
por la pluma. No nos extraña aun en poeta tan cuidadoso de evitar repeticiones de léxico, que algunos adjetivos figuren varias veces en el breve poema. *Vano, temeroso, duro, frío, simple* servirían
para establecer la caracterización del que sigue los engañosos lazos
del mundo; *ilustre, generoso, alto, callado,* y con deseos de una vida
y un estilo *común,* esbozarían el espíritu del virtuoso y de sus
apetencias. Los adjetivos más usados en la *Epístola* son los que
señalan el fondo del pensamiento del poeta y forman la unidad
básica de su obra.

Creo que sí hay una nota característica de la *Epístola Moral,* en la
que intervienen entrelazadamente el significado y elementos del verso,
es decir, pertenecientes aún al significante. Todo procede, como
siempre, del significado, y lo que ocurre aquí —y es una de las grandes perfecciones del poema— es que el significante ha ejecutado de
modo perfecto lo que el significado le pedía. Creo que de ahí viene
mucho de esa impresión de serenamiento que todo lector de la *Epístola* siente en su espíritu. Colabora aquí con la lisura de la frase
y la exactitud y justa levedad del léxico, la perfecta adecuación entre
el sentido y los límites de la forma estrófica. Para la materia que
ofrece el contenido se dan en la *Epístola* diversas posibilidades de
ahormamiento. Muchas veces el moldeado exacto del sentido se produce en sólo un terceto. Doy algunos ejemplos:

> Fabio, las esperanzas cortesanas
> prisiones son do el ambicioso muere
> y donde al más activo nacen canas.
> . . . .
>
> El oro, la maldad, la tiranía
> del inicuo, precede, y pasa al bueno:
> ¿qué espera la virtud o qué confía?
> . . . .
>
> Un ángulo me basta entre mis lares,
> un libro y un amigo, un sueño breve,
> que no perturben deudas ni pesares.

(vv. 1-3, 28-30, 127-129)

Aquí, en este último ejemplo, el terceto sirve de antecedente para el que le sigue, en relación sólo por el pronombre *esto*, pero con perfecta totalidad los dos:

> Esto tan solamente es cuanto debe
> naturaleza al parco y al discreto,
> y algún manjar común, honesto y leve.
>
> (vv. 130-132)

Otras veces la relación entre dos tercetos se forma por comparación; uno sirve como de ejemplo o imagen del otro. Así ocurre en los dos que siguen: el aura en los montes y entre las cañas, es ejemplo de la virtud muda del prudente y de la falsa y exhibicionista del histrión:

> ¡Cuán callada que pasa las montañas
> el aura, respirando mansamente!
> ¡Qué gárrula y sonante por las cañas!
> ¡Qué muda la virtud por el prudente!
> ¡Qué redundante y llena de rüido
> por el vano, ambicioso y aparente! (vv. 160-165)

Ese pequeño vínculo entre dos estrofas, como en los ejemplos últimos, puede a veces establecerse con más intensidad: entonces la materia del sentido se distribuye en una relación como de prótasis y apódosis, pero rellenando exactamente la prótasis un terceto y la apódosis otro:

> *Prótasis*   El ánimo plebeyo y abatido
> elija, en sus intentos temeroso,
> primero estar suspenso que caído;
> *Apódosis*   que el corazón entero y generoso
> al caso adverso inclinará la frente
> antes que la rodilla al poderoso. (vv. 7-12)

Otras veces, prótasis y apódosis se relacionan como antecedente y consiguiente en un comparativo; la plenitud de cada terceto sigue siendo rigurosa:

> *Prótasis*   Más quiere el ruiseñor su pobre nido
> de pluma y leves pajas, más sus quejas
> en el bosque repuesto y escondido,

Apódosis   que agradar lisonjero las orejas
             de algún príncipe insigne, aprisionado
             en el metal de las doradas rejas.

(vv. 46-51)

En fin, se dan algunas combinaciones de tres tercetos: una relación entre ejemplo y lo ejemplificado puede desarrollarse en tres estrofas. Aquí el ejemplo rellena dos módulos estróficos; lo ejemplificado, uno. Notemos la plena gradación de los dos tercetos que forman el ejemplo:

    No sazona la fruta en un momento
    aquella inteligencia que mensura
    la duración de todo a su talento:
      flor la vimos primero, hermosa y pura;
    luego, materia acerba y desabrida;
    y perfecta después, dulce y madura.
      Tal la humana prudencia es bien que mida
    y comparta y dispense las acciones
    que han de ser compañeras de la vida.

(vv. 145-153)

En la *Epístola* una unidad de pensamiento suele ocupar totalmente un terceto. Si ocupa dos es porque el sentido total se articula de un modo natural en dos partes; y cada una de ellas se amolda con precisión en un terceto. Si una unidad de pensamiento ocupa tres estrofas suele ser porque se articula en dos partes, de las cuales una se divide a su vez en dos: los tres artejos así formados ocupan tres tercetos con las mismas características de concisión de lenguaje y plenitud de las estrofas.

Sería una exageración querer mostrar este moldeamiento estrófico como una nota de total novedad en la *Epístola*. La brevedad de la estrofa lleva hacia él. Creo que ésta es una de las causas del éxito del terceto desde la *Divina Commedia*.

Pero nunca, entre nosotros, con la perfección que en la *Epístola*. Se diría que el sentido fuera una masa fluyente y el terceto un molde receptor que con precisión maravillosa recibe la cantidad de materia que sobre él se vierte. Pero es que también la cantidad de materia ha sido concebida, o medida en su concepción, con tal exactitud que ha cesado de fluir en el mismo instante en que su molde —el terceto— se ha llenado ya. Esta adecuación de materia de sentido y de molde estrófico se puede decir que es una característica constante de la *Epístola*. La asociación de dos o más tercetos —siempre conservando cada uno su individualidad y plenitud estrófica— introduce la necesaria variedad. De unidad y variedad de asociación de las unidades, resulta un como placer matemático según por la mente del lector va pasando en variados módulos esa bella exactitud de pensamiento: serenidad, plenitud, concisión, belleza.

Y de repente, aquí y allá, versos maravillosos: unos que pueden todavía explicarse como productos de la compresión de pensamiento y la economía de palabras en el troquel del verso; otros, inexplicables, que nos orean desde las altas cimas del espíritu.

> Triste de aquel que vive destinado
> a esa antigua colonia de los vicios,
> augur de los semblantes del privado. (vv. 52-54)

Esto dice el poeta, del cortesano (la corte es la «colonia de los vicios»; «antigua» porque siempre ha sido y será así). Pero el verso de que quiero hablar es el último: «augur de los semblantes del privado». En él, tres sustantivos (*augur, semblantes, privado*) condensan una gran cantidad de contenido. Los augures eran en Roma los que adivinaban, deducían predicciones del vuelo de las aves y de otros signos. El cortesano, siempre temeroso, trata de adivinar, con miedo de que el privado esté de mal humor aquel día, atisbándole la cara, para ver si está de bueno o malo. En el plural «semblantes» es donde se acumula la mayor cantidad de significado. En ese verso la materia queda comprimida, obligada a rendir la máxima suma de contenido.

> ...¡Oh muerte!, ven callada
> como sueles venir en la saeta. (vv. 182-183)

El capitán Andrés Fernández de Andrada debió de ver algunas veces (¿dónde?) esa muerte silenciosa. Le queda una imagen callada, casi gélida. Rodeado del alboroto del mundo, ese silencio le es refrigerante: que su muerte sea así, que no le llegue —y sigue hablando el capitán, el militar— con el estruendo de las armas de fuego o de otras ruidosamente destructivas. Juntando de una parte de la *Epístola* un terceto (127-129), y el citado verso y medio de otra, nos sale el ideal de vida del autor (y de otros muchos hombres, de todas las épocas):

> Un ángulo me basta entre mis lares,
> un libro y un amigo, un sueño breve,
> que no perturben deudas ni pesares.
> . . . .
> ...¡Oh muerte!, ven callada
> como sueles venir en la saeta.

Versos densos. Pero a veces el verso excede inexplicablemente su molde, su imagen, su contenido. Es una silenciosa saeta heridora que ha penetrado muchas almas.

Y al final del poema, esa llamada al amigo para que venga a conocer cómo el poeta cumple su propósito de apartamiento:

> Ven y sabrás al grande fin que aspiro,
> antes que el tiempo muera en nuestros brazos.
>
> (vv. 204-205)

Queda una vacilación en cuanto al sentido trascendente de ese endecasílabo final: el tiempo muere en nuestros brazos porque la muerte separa el tiempo medible, de la eternidad inmensurable. Pero ¿qué sentido quiso dar el poeta a tal trascendencia? Interprétese esa eternidad a lo cristiano o a lo pagano, la imagen condensada de nuestro destino plasmada en esas once sílabas es una de las experiencias imborrables por las que puede pasar el espíritu «antes que el tiempo muera en nuestros brazos».

4. HISTORIA DEL TEXTO

MANUSCRITOS

Son catorce los manuscritos que conozco de la *Epístola Moral*. ¿Cuántos yacerán, ignorados todavía, en bibliotecas españolas, o por el mundo, o aun en nuestra misma Nacional? De esos catorce llegados a mi conocimiento, sólo cinco fueron ya utilizados (tres directa y dos indirectamente) por P. Blanco Suárez [1933]. En la enumeración que sigue conservo las siglas con que los designó:

M1. Biblioteca Nacional, 2883, pp. 389-394. Letra del siglo XVII. Es un tomo de poesías de los Argensola y otros.

M2. Biblioteca Nacional, 3797, fols. 137-141. Letra del siglo XVII. Obras de los Argensola y otros.

M3. Biblioteca Nacional, 4141, pp. 211-217. Letra del siglo XVII. Obras de los Argensola y otros.

S. Biblioteca Colombina, de Sevilla, que en tiempos de don Adolfo de Castro llevaba el número 237.

Ch. Biblioteca que fue de Sir Thomas Phillipps, en Cheltenham, Gloucestershire, Inglaterra. En esta biblioteca el manuscrito que llamamos *Ch* llevaba el número 2494. La biblioteca fue vendida a los hermanos Robinson, de Londres, y gracias a repetidas y laboriosas gestiones de mi amigo Edward M. Wilson, de la Universidad de Cambridge, pude obtener de Mr. Philip Robinson primero información y por último un microfilme de la copia de la *Epístola* que en dicho manuscrito figura.

El manuscrito *Ch* ha sido comprado últimamente por el Estado español en la subasta de la «Biblioteca Phillippica» realizada por la casa Sotheby en Londres el día 28 de junio de 1976. Se encuentra ahora en la Biblioteca Nacional, donde tiene la signatura ms. 22029.

G. Designo por *G* la copia de la *Epístola* en el manuscrito 88 que estaba en la Biblioteca del duque de Gor, en Granada. Por compra, ha pasado a la de don Bartolomé March, donde es el número de registro 6636; y su signatura, 20/5/9. Encuadernado por Brugalla, mide 34,7 × 22,5 cm. Hay en él muchas piezas y diferentes manos, algunas del siglo XVIII. Foliado modernamente a lápiz, el texto de la *Epístola* ocupa los folios 131-133.

Designo ahora con siglas adecuadas otros ocho manuscritos de los que no tuvo conocimiento Blanco Suárez:

M4. Biblioteca Nacional, manuscrito 17719. Fue copiado en Madrid, en 1623, por «Hector Mendez de Britto» y en muchas de sus planas abundan los portuguesismos.

M5. Biblioteca Nacional, manuscrito 19705, núm. 11. (Es una caja de piezas sueltas, entre las cuales la *Epístola* tiene el número 11.) La copia está en un cuadernillo de cuatro hojas, folio, con cubiertas de pergamino. Letra del siglo XVII.

P. Biblioteca de Palacio, cartapacio de Pedro de Lemos... Mediados del siglo XVI, descrito por Menéndez Pidal. Era el ms. 2-B-10. La signatura actual es ms. II-1577.

H. Biblioteca de la Real Academia de la Historia, 12-6-6 (Colección Salazar, N. 3), fol. 273. Letra del siglo XVII. Es una copia que alcanza sólo hasta el verso 85 de la *Epístola.*

T. Biblioteca Pública de Toledo, ms. 521, fols. 86-89v. Letra del siglo XVII.

C1 y *C2.* Estos dos textos de la *Epístola* están en un mismo manuscrito de la Universidad de Cambridge, el Add. 7946.

B. Biblioteca de Bartolomé March, con número de registro 8178 y signatura 23/4/8. La *Epístola Moral* tiene el título «A un Amigo pretendiente» y ocupa las páginas 384-393. Es un tomo de 1630 con obras de Bartolomé Leonardo de Argensola.

En resumen: Blanco Suárez y yo utilizamos los manuscritos *M1, M2, M3* y *Ch.* A lo que parece, él sólo conoció el texto del ms. *S* impreso por Castro; yo he podido utilizarlo directamente y corregir así los errores de Castro. Me ha sido dado usar el texto *G,* que Blanco Suárez no vio; y también utilizo los *M4, M5, P, H, T, C1, C2* y *B,* de los cuales Blanco no tuvo noticia.

EDICIONES

Los tercetos de la *Epístola Moral,* que pronto habían de hacerse tan famosos, los publicó por primera vez López de Sedano (que colaboraba con Cerdá y Rico) en el tomo I de su *Parnaso Español* [1768] a nombre de Bartolomé Leonardo de Argensola.

Se imprimen de nuevo en el tomo III de la colección de poesía que don Pedro Estala publicaba con el nombre de «D. Ramón Fernández» [1786]. La *Epístola* aparece aquí a continuación de las *Rimas* de Argensola, pero ya no es atribuida a este autor, y ha sido «corregida por un antiguo manuscrito», según dice la «Advertencia» preliminar (p. 9), «de los muchos y enormes errores con que se imprimió en el *Parnaso Español*». La verdad es que, a pesar de tan pomposo anuncio, fueron poquísimos los corregidos; quedaron casi todos y, lo que es peor, muchos agravados. Lo dañino, sin embargo, de la edición de Estala no fue el texto del poema, pronto superado, sino un error que había de dejar larga descendencia: atribuye resueltamente la *Epístola* a Francisco de Rioja.

Surge en 1797 una nueva edición. Es una edición excelente que merece toda nuestra atención, y aparece, quién lo había de decir, en la misma colección de Estala o de «D. Ramón Fernández», en cuyo tomo III se había impreso la desdichada versión que acabamos de citar. En el tomo XVIII de la misma colección, publicado en 1797, que tiene por título *Poesías inéditas de Francisco de Rioja y otros poetas andaluces*, está nuestra *Epístola* (pp. 73-80), también adjudicada a Rioja. Aquí se la llama *Epístola Moral*, título que, con la adición de «a Fabio», terminará, después de muchas alternativas, por ser el que prevalezca a lo largo de los años.

Inmediatamente después de la detestable edición del tomo III, ésta del tomo XVIII nos produce asombro: es un texto pulcro y fiel, perteneciente, salvo pocos y mínimos pormenores, a la que llamaremos versión β, y creo que el manuscrito que el editor tuvo a la vista fue el que designamos como *M5* u otro muy próximo a éste. El texto de la *Epístola* en este tomo XVIII difiere muy escasamente del que ofreceremos aquí en el presente libro, después de haber nosotros cotejado con todo el cuidado posible los catorce manuscritos.

Hay indicios de que don Manuel José Quintana intervino en la edición de este tomo XVIII, pero le hace a uno dudar si fue o no el famoso poeta liberal quien cuidó de la *Epístola* el hecho de que en las *Poesías selectas castellanas... Recogidas y ordenadas por D. Manuel Josef Quintana* [1807] el texto de la misma sea notablemente peor. Es básicamente el mismo del tomo XVIII, pero ¿por qué Quintana lo ha estropeado aquí y allá? Hay toda una serie de desaciertos que no son de mayor gravedad, y la mayoría pueden hacer sentido, pero que están en contra de los manuscritos antiguos, y en especial del seguido por el editor de la *Epístola* en el tomo XVIII.

Mendíbil y Silvela, en su *Biblioteca selecta de literatura española o modelos de elocuencia y poesía* [1819], siguen el texto de la *Epístola* según las *Poesías selectas*, de Quintana, salvo por lo que toca a dos curiosas omisiones. En esta edición, el título de la *Epístola* es *A Fabio: sobre las esperanzas de la Corte*, y el autor, de nuevo, Rioja.

En las *Lecciones de Filosofía Moral y Elocuencia, o Colección de los trozos más selectos de Poesía, Elocuencia, Historia, Religión y Filosofía moral, puestas en orden por don Josef Marchena* [1820], vuelve a imprimirse el poema, que ahora se titula: *Epístola. Sobre la vida del filósofo* y sigue atribuido a Rioja. Marchena, a diferencia de Mendíbil y Silvela, ha seguido la excelente edición del «tomo XVIII» (sólo un par de veces prefiere versiones que vienen de Sedano o de Estala).

En la *Colección de trozos escojidos de los mejores hablistas castellanos... hecha para el uso de la casa de educación sita en la calle de San Mateo de esta corte* [1821], el título es *Epístola a Fabio* y sigue dándose como de Rioja. Este colegio de la calle de San Mateo era el que dirigía don Alberto Lista. La *Epístola* reproduce el excelente texto del «tomo XVIII», con una notable mejora: es la primera vez, entre las ediciones que conozco, que aparece la lección verdadera, «vil gaveta», del verso 179, en vez de «plata neta», error o falsa corrección que, desde Sedano, afeaba todas las impresiones.

En las *Poesías de don Francisco de Rioja, corregidas con presencia de sus originales... añadidas e ilustradas con la biografía y la bibliografía del poeta, por D. Cayetano Alberto de la Barrera* [1867], el autor hace historia de la publicación de nuestro poema, al que llama *Epístola Moral a Fabio*, es decir, el nombre que ha pasado a ser el más general en nuestros días. En este libro de La Barrera puede seguirse el comienzo del desmoronamiento de la atribución a Rioja de la *Canción a las ruinas de Itálica*, que tanta importancia tuvo para que se desmoronara también la atribución a Rioja de la *Epístola*: los grados habían de ser bastantes, desde Amador de los Ríos, en la traducción de la obra de Sismondi, hasta don Aureliano Fernández-Guerra y Sánchez Moguel en 1870. Pero es interesante la afirmación de La Barrera de que Fernández-Guerra pensaba ya, en 1867, que lo mismo la *Canción a Itálica*, primitiva, que la retocada eran obra de Rodrigo Caro (véase La Barrera, 1867: 144-148).

El progreso mayor se debe a don Adolfo de Castro. En 1875 publica en Cádiz su opúsculo *La Epístola Moral a Fabio no es de Rioja. Descubrimiento de su autor verdadero.* Por primera vez en la historia de las impresiones de la *Epístola* se reproduce (con unos pocos errores) el texto de un manuscrito del que se nos dice su paradero. Este manuscrito de la Biblioteca Colombina, de Sevilla, nos trae un nuevo nombre de autor: el capitán Andrés Fernández de Andrada.

El gran hispanista Foulché-Delbosc publicó en el año 1900 en la *Revue Hispanique* una nota: *Les manuscrits de l'Epístola Moral a Fabio*, sumamente breve, pero de extraordinaria importancia para la evolución de los estudios sobre el tema. Comienza resumiendo, con nitidez y precisión, el estado del asunto hasta la publicación por Castro del manuscrito de la Colombina. Solamente nos extraña que Foulché-Delbosc ignorase la intervención de Quintana en el «tomo XVIII».

En el año 1905, sin más título ni portada que *Epístola Moral a Fabio*, se publicó una curiosa edición: catorce páginas en gran formato, con grandes tipos, y según dice una nota final, tirada de sólo «veinte y nueve ejemplares». Formaba parte de una «Biblioteca Oropesa», de la que constituía el número uno, y se vendía al precio de 30 pesetas en «Madrid, Librería de M. Murillo, Alcalá, 7». Poseo, por amistad de Justo García Morales, una fotocopia del «Ejemplar núm. 28», que es el que tiene la Biblioteca Nacional. El colofón reza así: «Acabóse de imprimir esta obra, publicada por dos hispanistas, en Madrid, en casa de Fortanet, el XXX de agosto del año MCMV». Es edición de mucho boato y poca sustancia.

Da pena hablar de la edición de 1908 de la *Epístola*, por Menéndez Pelayo, en su obra *Las cien mejores poesías líricas de la lengua castellana*, impresa en Gran Bretaña. Se trata, claro está, de una edición para un público muy amplio, y no se le podrían pedir las últimas exactitudes que a una científica. Sin embargo, el extraordinario valor del poema y los hallazgos y noticias recientes (manuscrito de la Colombina, exacta nota de Foulché-Delbosc) parecían exigir un poco de atención y esfuerzo por parte del gran crítico. Pero la tarea de editar no fue nunca lo suyo. El texto que imprime Menéndez Pelayo no contiene (salvo lo que diremos) lecciones desatinadas: está próximo a los textos del «tomo XVIII», de las *Poesías selectas*, de Quintana y de los *Trozos*, de Lista: las alternadas variantes con unos y otros parecen indicar que don Marcelino los tuvo a la vista y fue eligiendo las que mejor le parecieron según le dictó su gusto personal en el momento de la decisión. Bastantes veces le dictó lo peor.

En el año 1923 se publicó la primera edición del libro *Poetas de los siglos XVI y XVII. Selección hecha por P. Blanco Suárez*, del cual existe una segunda edición (Madrid, 1933), coincidente de un modo total con la primera. Atribuida entre signos de interrogación a Andrés Fernández de Andrada, la *Epístola* nos ofrece en este libro un texto que excede, con mucho, lo que se esperaría de un volumen de carácter pedagógico: es, en efecto, la primera edición del poema que se podría llamar casi científica. Blanco conoce la nota de Foulché-Delbosc, y ha procurado utilizar todos los manuscritos en ella enumerados.

Sólo en el último momento, por amistad de don Justo García Morales, me ha sido posible ver la primera edición, publicada en 1924 en Montevideo, del libro de Eustaquio Tomé, *La «Canción a las ruinas de Itálica» y la «Epístola Moral»*. El mérito de esta edición de Tomé está en sus juicios y apreciaciones literarios, y es el primer editor que se preocupa del estudio de fuentes: da unas cuantas, casi siempre latinas, pero en traducción. En sus juicios literarios se nota su formación apegada a la retórica del siglo XIX (y su casi nula preparación filológica); pero su indudable sensibilidad le hace acertar bastantes veces en análisis que se podrían llamar estilísticos.

La fecha de publicación, respectivamente 1923 y 1924, de las obras de Blanco y de Tomé, impidió que éstos pudieran utilizar el texto de la *Epístola* reproducido en el *Cancionero de Madrid* [1927], por su compiladora «Pilar Díez Carbonell, natural de Madrid, vecina de Oviedo» (el verdadero nombre, Pilar Díez Jiménez Castellanos). Se trata de un libro caprichoso a partir de su mismo título; es una antología poética, sin introducción, comentarios ni notas (sólo unos someros datos sobre la procedencia de los textos), pero hecha con notable sensibilidad literaria, y en la que la autora incluye muchas piezas poéticas que no solían andar por las antologías. Encontró también (y es su principal mérito) un nuevo manuscrito, no mencionado por Foulché-Delbosc y por tanto no utilizado por Blanco: se trata del 19705 (número 11) de la Biblioteca Nacional (es el que en la presente obra nosotros llamaremos *M5*). Pertenece a la familia β; su conocimiento habría sido especialmente útil a don Pedro Blanco. Pilar Díez Carbonell, en su *Cancionero*, hizo una pulcra edición de la *Epístola* siguiendo fielmente ese texto.

CLASIFICACIÓN DE LOS MANUSCRITOS
CRITERIOS DE EDICIÓN

El estudio de las variantes, a base de catorce manuscritos, anotadas en la edición que damos en el presente libro, lleva, inmediatamente, a algunas conclusiones claras. Téngase presente que la *Epístola* sólo tiene 205 versos.

Parece no ofrecer duda que, de los catorce manuscritos, trece se dividen en dos grupos, uno de siete y otro de seis: de un lado,

G, T, M1, M5, C1, C2 y *H*, grupo que voy a llamar β; y, de otro, *Ch, M2, M4, P, M3* y *B*, que constituyen el que llamaré grupo α. Queda un manuscrito, el *S*, fluctuante entre β y α, pero con decididamente mayor inclinación hacia β.

Estos dos grupos se oponen con absoluta separación en por lo menos catorce variantes de la *Epístola* (los números indican versos):

8	procura α	elija β
9	antes α	primero β
13	coronas … triunfos α	triunfos … coronas β
21	la α	su β
31	Vente α	Ven β
48	monte α	bosque β
61	Apenas α	Casi no β
105	piensa α	entiende β
120	de α	del β
148	ayer α	primero β
150	sabrosa α	perfecta β
151	natura α	prudencia β
152	compase y dispense α	comparta y dispense β
187	enseña α	muestra β

De ellas, *S* va con β en las de los versos 8, 9, 13, 21, 31, 48, 120, 148, 150, 151, 152 y 187; y con α, en los versos 61 y 105: en doce casos con β y sólo en dos con α.

En otros pasajes, aunque haya algún manuscrito discordante, sigue siendo evidente la existencia de los dos grupos α y β. He aquí seis ejemplos:

62	antigua α	grande β [pero *M5* va con α
159	oscuros … infaustos α	infaustos … oscuros β
		[pero *C1* y *C2* van con α
162	sonora α	sonante β [pero *T* va con α
169	las α	los β [pero *C2* va con α,
		y en cambio *P* con β
177	barro α	vaso β
		[pero *C2* va con α
201	de más nobles objetos α	de más ilustres genios β
		[pero *M4* va con β

En estos seis casos *S* va con β.

En algunas ocasiones, arrepentimientos del copista nos sirven para comprobar contaminación o competencia entre ambos grupos. En el verso 81 «sin alguna noticia de mi hado», es la lectura β, y también se encuentra en el manuscrito *Ch*, que pertenece a α. Los demás manuscritos α (y también el manuscrito *S*) nos dan «sino alguna noticia de mi hado», lección absurda. Lo interesante es lo que ocurre en el manuscrito *M1*: en él el copista escribió primero «sino», pero luego tachó la vocal *-o*; quedó así el verso completamente de acuerdo con el grupo β. Vemos aquí la competencia entre los dos grupos: el copista seguía, evidentemente, un modelo que en el verso 81 decía «sino»; quizá manejaba también otra copia que decía «sin»; o tal vez por mera reflexión hizo la corrección acertada.

Más claro aún resulta lo que ocurre en el verso 182. El texto β (y también el manuscrito *S*) dicen

alguna cosa? ¡Oh muerte!, ven callada

El α se divide en tres lecturas. Cuatro manuscritos (*Ch*, *M2*, *B* y *P*) tienen

cosa? ¡Oh dura muerte!, ven callada

endecasílabo muy imperfecto; otro manuscrito (*M4*) lee

cosa? ¡Oh muerte!, ven callada

verso decididamente cojo. Notemos que esas dos versiones de los manuscritos α, coinciden en comenzar por la palabra «cosa». El manuscrito *M3* (también α) dice «alguna cosa? ¡Oh muerte!, ven callada» (que es el texto β). No es sino el resultado de una corrección: el copista comenzó el verso por una palabra de cuatro letras que terminaba por «-osa», indudablemente «cosa», pero tachó esa voz y escribió a continuación «alguna», etc., es decir, la versión β. El copista, que manejaba un texto α de la *Epístola*, empezó escribiendo el verso 182 según α, pero, en seguida, tachó lo escrito para copiarlo según β.

Estos dos últimos ejemplos nos han aproximado a otro enfoque que debe ocupar ahora nuestra atención: la calificación, según su mayor o menor congruencia con el contexto, de estas variantes α y β. Intentémoslo para los veintidós versos mencionados en las líneas que anteceden. Y no olvidemos que 22 versos exceden el diez por ciento de los que forman el poema.

8   procura α   elija β

La construcción «elija ... inclinará» es gramatical; no lo es, en cambio, «procura ... inclinará». Lo más importante aquí es el indispensable subjuntivo («elija», frente a «procura»). Pero aun desde el punto de vista del léxico, «elegir» es, en este caso, mucho más preciso y exacto que «procurar».

9   antes α   primero β

Hay que tener en cuenta tanto el verso 9 como el 12. El texto «primero ... antes» es mucho mejor que «antes ... antes».

13   coronas ... triunfos α   triunfos ... coronas β

Ambas ordenaciones son posibles, si bien podría parecer preferible la β (la coronación es posterior al hecho de triunfar).

21   la α   su β

Más preciso, «su»; pero posible también «la». Con «su» se introduce una variación respecto a los artículos «la» del verso 19 y «los» del verso 21.

31   Vente α   Ven β

Posibles las dos.

48   monte α   bosque β

Preferible «bosque», que va mejor a la idea literaria del ruiseñor y de su canto.

61   Apenas α   Casi no β

Obsérvese que en el verso 68 existe «apenas(s)».

62   antigua α   gran(de) α

El adjetivo de α repite el del verso 32 «la antigua Romúlea».

81   sino alguna α   sin alguna β

La versión de α es un mero error.

105   piensa α   entiende β

En el verso 100 se decía ya «¿Piensas acaso tú», etc. No cabe duda de que «entiende» es mejor. Además en «piensa»-«yerra» se produce una asonancia é-a.

120   de α   del β

Es preferible «del» por referirse al metal que tiene esas condiciones («cándido, puro, luciente») por antonomasia.

148   ayer α   primero β

Es muy preferible la gradación 'primero-luego-después' (vv. 148-150). Además, como en «ayer» existen dos acepciones muy distintas ('el día inmediatamente anterior al de hoy' y 'en tiempo pasado'), la sustitución por «primero» hace mucho más precisa la expresión.

150   sabrosa α   perfecta β

Es preferible «perfecta» porque «sabrosa» insiste sobre condiciones sensoriales próximas a las de «dulce» y «madura».

151   natura α   prudencia β

Muy preferible «prudencia». No es propio de la «natura» el medir. Molesta repetición de -ura (vv. 146, 148, 150).

152   compase α   comparta β

Indiferente. En todo caso, «comparta» hace más pleno el verso (evita la repetición -se en «compase», «dispense»).

159   oscuros ... infaustos α   infaustos ... oscuros β

Indiferente.

162   sonora α   sonante β

El adjetivo participal «sonante» corresponde mucho mejor a lo que el pasaje quiere expresar.

169   las α   los β

Variación producida por hábitos idiomáticos diferentes.

177   barro α   vaso β

La versión de α es mero error.

182   cosa? ¡Oh (dura)   alguna cosa? ¡Oh muerte β
         muerte α

Las mejores versiones α no llegan a dar un endecasílabo aceptable. Indudablemente β es mejor.

187   enseña α   muestra β

Indiferente.

201   más nobles objetos α   más ilustres genios β

Creo preferible la versión β. Véase más abajo la nota 201 del Aparato crítico.

Resulta, pues, que de estas 22 variantes entre α y β, prescindiendo de una (v. 169), originada por diferente costumbre lingüística, en once casos (vv. 8, 9, 48, 62, 105, 120, 148, 150, 151, 162, 182) la versión β es, a nuestro juicio, mejor, como más congruente con el espíritu de toda la *Epístola*: diafanidad, precisión, exactitud lingüística, es decir, como expresión de una mente exacta. En cuatro casos (vv. 13, 21, 61, 201), aún creemos que esas cualidades se dan preferentemente en β, pero no de un modo tan absoluto. Hay dos casos (vv. 81, 177) en que la versión α se ha originado por craso error de copista. Cinco en que lo mismo da α que β. En resumen: no hay ni un solo ejemplo en que la versión α sea mejor que la β.

Ante esta conclusión, si tratamos de explicarnos qué fue lo que originó la existencia de estos dos tipos, caben, en principio, dos hipótesis: 1.ª) α sería producto de una deturpación de β; 2.ª) β sería el resultado de una corrección de α.

Tomemos, provisionalmente, la hipótesis de que α hubiera salido de la corrupción, por cualquier tipo de estropeo, de algunos pasajes de β. Así podría haber ocurrido en el verso 9, donde «antes» pudiera ser equivocación de un copista al que se le anticipara el «antes» con que principia el verso 12. No parece tan fácil, aunque aún sea posible, explicar que el «Apenas» del verso 61 surgiera por anticipación del que hay en el verso 68 (además aquí, notémoslo, no está en posición inicial). Tampoco es muy de creer que el «antigua» del verso 62, aplicado a Itálica, sea error debido a la reminiscencia del «antigua» que está en el verso 32 calificando a Romúlea. En esta misma línea de mecánicas anticipaciones o reminiscencias que inducen a error al copista, podríamos querer explicar el «piensa», verso 105, como concordante reiteración del «Piensas» con que comienza el verso 100. En cuanto a «natura», verso 151, ¿podría proceder del recuerdo de «naturaleza», verso 131? Difícilmente, y en último extremo, si se pensara así, habría que admitir que hubiera ocurrido colaborando el influjo de la triple consonancia en -*ura*, de los versos 146, 148 y 150. Uno de los casos en que este tipo de hipótesis que venimos haciendo puede resultar más tentador es la explicación de la presencia de «barro» en el verso 177. Claro está que Fernández de Andrada no pudo escribir «barro múrino» sino «vaso múr[r]ino», porque esos preciosos recipientes, primero, no eran de barro sino de una materia exquisita (las piezas grandes valían verdaderas fortunas): investigaciones modernas afirman que era espato flúor; y además porque toda la tradición literaria latina («pocula», «vasa», «calyces») llevaba a *vaso*. Que el grupo α lea «barro» en el verso 177 no es sino disparate que no pudo salir del muy culto poeta, sino que fue introducido, quizá, en el tronco mismo de todo α. El error habría surgido por la contraposición entre el contenido de los versos 175 y 177:

En el plebeyo barro mal tostado...
como en el vaso múrrino preciado.

Un copista de α habría resuelto la contraposición así:

$$\frac{\text{'plebeyo'}}{\text{'elegante'}} = \frac{\text{«barro mal tostado»}}{\text{«barro múrrino»}}$$

El disparate «barro múrrino» siguió por toda la familia α, y aún pudo surgir aisladamente de nuevo cuando a un solo copista de β se le vuelve a ocurrir la proporción mencionada, porque (aunque esto no siempre se suele tener en cuenta por la crítica textual) *los mismos errores pueden producirse independientemente varias veces, sin transmisión genealógica*. Esto podría explicar que en el manuscrito *C2* (que es β) nos encontremos «barro» en el verso 177.

En las líneas que inmediatamente anteceden he intentado atisbar hasta qué punto era razonable la primera hipótesis (α, corrupción de β). Hemos visto que los lugares de la *Epístola* cuyas variantes α pueden ser interpretadas como deturpación de β son relativamente pocos, y tratar de explicar los casos aducidos no ha dejado de producirnos cierto cansancio: la única explicación que repetidamente hemos podido intentar es la de reminiscencia o anticipación de una voz que está en otro lugar de la *Epístola*, a veces con muchos versos de intervalo. Los demás de los 22 casos de nuestra lista no tendrían más causa que una general: la desatención o confusión del copista: así se podría pensar que en el verso

48, en la rutina de la copia, un descuidado amanuense podría haber escrito «monte» donde β lee «bosque», que corresponde más a lo que en literatura pensamos del ruiseñor. En el verso 8 habría que imaginar dos errores: *procure* sería más gramatical que el «procura» de α. Pero si el modelo decía «elija», ¿por qué se le iba a ocurrir al copista estampar *procure*? Casos así podríamos citar bastantes de la lista.

Me parece que en la otra hipótesis general (la de que β sería corrección de α) nuestra lista de 22 casos queda más satisfactoriamente aclarada. Lo primero que podemos observar es que todos los ejemplos que hemos pretendido explicar a base de la primera teoría (α como estropeo de β) se pueden resolver de un modo más coherente y nada violento partiendo de la hipótesis de una corrección profunda y meditada de un texto anterior, de un texto α, igual o próximo al que salió primero, *currente calamo*, de la mano del poeta. Pongamos sólo unos ejemplos. Según esta segunda interpretación, el «antes» con que empieza el verso 9 habría sido cambiado en «primero» por alguien que observó que el verso 12 empezaba también por la voz «antes». De modo parecido, la forma verbal «piensa» en el verso 105, que en la primera explicación considerábamos reminiscencia del «Piensas» del verso 100, según esta segunda hipótesis habría sido sustituida por «entiende» como meditado cambio para evitar la repetición (sin ventaja estilística) del verbo que había sido empleado ya cinco versos antes. Análogamente, quien al releer el poema notó que «antigua» calificaba en el verso 32 a «Romúlea» y en el verso 62 a «Itálica», pensó, con muy buen criterio, que era cansino aplicar dos veces, en conceptos muy parecidos, el mismo adjetivo; de ahí la corrección «grande» en el verso 62. Etcétera.

Es decir, todo lo que en la primera teoría general interpretábamos como error de copista, por anticipación o por recuerdo, vemos que tiene una explicación natural si imaginamos que una versión primera de la *Epístola* ha sido sometida a un meditado proceso correctivo.

Dentro de la primera teoría, ¿pensaríamos en coincidencia en el error, de una serie de copistas descuidados que anticipaban o repetían voces en el lugar no debido, o en un solo copista especialmente atolondrado? No lo podríamos decidir. La segunda teoría, en cambio, nos lleva a creer que hubo un corrector especialmente dotado y sagaz.

La teoría de los errores la podíamos imaginar más o menos de creer (a veces no sin cierta repugnancia) para unos cuantos casos de nuestra lista, pero muchos otros se nos tenían que quedar en mera equivocación, sin causa imaginable. Muchos de estos últimos pasajes resultan justificados dentro de la segunda teoría, la del proceso correctivo. He aquí unas muestras:

En el verso 150 «perfecta» (β) es mejor que «sabrosa» (α). Hay que tener en cuenta la gradación de los versos 148-150: «perfecta» corona esa gradación. En la versión α («y sabrosa después, dulce y madura»), «sabrosa» se refiere a cualidades muy próximas a las de «dulce» y «madura», las tres, en la esfera de los sentidos. «Sabrosa» y «dulce» traía, además, a cualquier lector de poesía el recuerdo inmediato de uno de los lugares de Garcilaso más conocidos («dulce y sabrosa / más que la fruta...», Égloga III, 305-306). Al apelar a la esfera intelectiva, «perfecta» evitaba la reminiscencia garcilasesca, y resultaba voz novedosa y muy congruente con el sentido delicada y certeramente intelectual de toda la *Epístola*. En α la adjetivación cargaba triplemente sobre lo sensorial; el elemento intelectual «perfecta» es una variación que enriquece el endecasílabo.

De igual modo, en el verso 151 «prudencia» (β) es mucho más exacto que «natura» (α): la prudencia del hombre es lo que *mide*, no su naturaleza. En el verso 162 «sonante» (β) es mejor que «sonora» (α), porque *sonoro* es, como dice Covarrubias, «lo que tiene buen son y suena bien a las orejas», y eso no es lo que quería expresar el poeta. Volviendo otra vez a los versos 148-150, es evidente que «ayer» (α) no iba bien al proceso gradual de la fructificación; quizá alguien lo advirtió y sustituyó «ayer» por «primero» (β). La escala «primero»-«luego»-«después» (β) es mucho mejor que «ayer»-«luego»-«después» (α). Dada la existencia de dos acepciones de *ayer* ('día inmediatamente anterior a *hoy*' y 'en tiempo pasado'), resulta más exacta la versión «primero». En fin, los versos 181-182, según α

> Sin la templanza ¿viste tú perfeta
> cosa? ¡Oh dura muerte!, ven callada...

tenían, aparte el muy áspero encabalgamiento «perfeta»-«cosa», la dificultad del verso 182, que sólo consta si hacemos un violento hiato entre las vocales final e inicial de «cosa» y «Oh».

Claro está, por otra parte, que un escrupuloso corrector no podía dejar pasar los auténticos disparates existentes en todos los manuscritos α, como son los errores ya estudiados de los versos 81 y 177. Ahora bien, faltas de este tipo no sabemos a qué altura de la genealogía del grupo α se originarían.

La teoría según la cual β sería el resultado de la corrección de α nos parece que tiene más probabilidades de acercarse a la realidad de los hechos. Y no pensamos en una serie de correcciones por lectores ocasionales. Imaginamos que más probablemente se tratara de un proceso correctivo, inteligente y meditado, hecho por un solo corrector. ¿Quién? La perfección de la labor y el conocimiento del poema, la congruencia con que cada uno de los retoques va a entrar en el ambiente, en el sentido y diáfana limpieza y exactitud de la *Epístola*, nos hacen ver que hubo de ser un hombre que sentía y comprendía este poema como su propio autor. Es decir: que podría quizá haber sido el propio autor.

Llegados a estas alturas, queremos una vez más distinguir lo real de lo hipotético. Es realísima la existencia de dos grupos de manuscritos: α y β. Al querer estudiar su relación genética, hemos presentado dos hipótesis, contrarias la una a la otra. Nos hemos inclinado hacia la segunda (β, corrección de α) porque nos parece que explica de un modo mucho más cohesivo y congruente la totalidad de los rasgos distintivos de ambos grupos; quizá β fue resultado de un solo corrector que perfeccionó el texto α; quizá el autor mismo. Estas últimas afirmaciones («un solo corrector», «quizá el autor mismo») son especialmente aventuradas. En realidad sólo una cosa es absolutamente segura: que el texto β es mejor que el α. Por otra parte, el descubrimiento, siempre posible (y aun probable), de otros manuscritos antiguos podría aportar nuevas luces y obligar al investigador a nuevos enfoques. Finalmente, tampoco es del todo rechazable una explicación mixta: algunas de las variantes de α podrían ser deterioro del texto que se nos conserva en β; y algunas de β ser corrección de sus correspondientes en los textos α.

Las posibilidades de entrecruzamientos y en general de los más inesperados acaeceres en la transmisión de textos literarios, son infinitas. Huyamos de la creencia en la restitución íntegra del texto ω tal como se lo imaginaban los investigadores de la época positivista.

Sentada nuestra posición más bien escéptica, es necesario reconocer que la especial afinidad que existe entre algunos manuscritos.*
Es muy grande, por ejemplo, la coincidencia entre los manuscritos *C1* y *C2* (ambos del grupo β). Tienen, comunes a ambos,
una serie de variantes semiexclusivas de los dos (llamo así a aquellas variantes en las que, aparte la pareja *C1-C2*, sólo participan
uno o dos manuscritos). Por esta razón hemos agrupado ambos
manuscritos bajo la denominación de γ en el aparato crítico. Desde luego, no se puede decir que ambos textos sean idénticos, pues
hay, aunque muy pocas, algunas divergencias entre *C1* y *C2*. De
ellas la mayor parte resultan interesantes (véanse los vv. 41, 54
y 104, y como lecciones semiexclusivas véanse los vv. 38, 41, 46,
52, 54, 78, 80, 124, 154 y 204) y de su estudio bien puede dedu-
cirse que *C1* es copia de amanuense inteligente sobre un texto
muy deturpado (*C2*). Relación próxima (aunque no tan marcada
por variantes semiexclusivas, como la de *C1* y *C2*) es también
la que existe entre los manuscritos *Ch*, *M2* y *B* (del grupo α),
cuya convergencia denominamos δ en el aparato crítico. Las pocas
divergencias entre estos tres manuscritos son gruesos errores que
se encuentran en alguno de los tres textos. Variantes comunes
de tipo semiexclusivo son, por ejemplo, las de los versos 25, 26,
29, 60, 64, 72, 73 y 201. Cuando alguno o algunos otros manuscritos tienen también algunas de estas variantes, es de un modo
muy cambiante (véanse los vv. 25, 26, 29, 60, 64 y 201). Resulta, pues, evidente la existencia de un subgrupo *C1-C2* (γ) y de
otro integrado por los manuscritos *Ch*, *M2* y *B* (δ), pero es imposible comprobar una afinidad decidida de cada uno de estos subgrupos con alguno o algunos otros manuscritos.

El manuscrito *S* (sevillano, que es el que nos da los datos más
precisos acerca del autor de la *Epístola* y de su Fabio) tiene además
algunas curiosas singularidades. Ya hemos visto antes que contiene la mayor parte de los rasgos fundamentales de β, pero en tres
ocasiones va con α. Aparte de esto, ofrece en numerosas ocasiones variantes exclusivas (véanse los vv. 111 y 200, donde, por
otra parte, no se constata gran diferencia entre la lección general
y la exclusiva de *S*). Se diría, pues, que el copista de *S* tuvo a

---

* Los párrafos que siguen, donde se explican las singularidades de los grupos
C1-C2, que aquí designaremos como γ, *Ch-M2-B*, aquí δ, y las variantes exclusivas de *S*, son un resumen de las pp. 134-138 del original de Dámaso Alonso.

la vista varios manuscritos (lo que explicaría su marcada singularidad), que era un hombre inteligente, conocedor del ritmo endecasílabo y que se sentía con cierta autonomía como copista. Quizá sabía de memoria pasajes de la *Epístola*, y en ocasiones escribía los versos tal como los recordaba, sin atenerse exactamente al dechado.

El manuscrito *P* tiene casi una docena de variantes exclusivas, de las cuales varias son meros errores, pero otras presentan muy especial interés, como son las de los versos 2, 112-113 y 139-141. Pensamos en la posibilidad de que pertenecieran a una versión muy primitiva de la *Epístola*. En esas variantes de *P* hay pensamiento quizá más rico y matizado, pero había también otros inconvenientes (anfibología, cacofonía, falta de continuidad de la imagen) que alguien habría querido evitar, hipótesis que no podemos hacer más que sugerir, sin intentar defenderla, pues para ella no podemos apoyarnos más que en esas tres variantes.

En resumen. Hemos tratado de obtener algún resultado por comparación de los manuscritos, a base de las que hemos llamado variantes semiexclusivas (es decir, comunes a sólo dos, tres o en alguna ocasión cuatro manuscritos). Aparte las dos evidentes parejas, *C1-C2* y *Ch-M2*, no hemos pasado de descubrir algunas afinidades entre unos cuantos manuscritos. Junto a esos resultados indecisos, volvamos los ojos a la solidez de la fijación de los dos grupos β y α, y resumamos lo único que resulta perfectamente seguro de nuestra indagación: los manuscritos *G*, *T*, *M1*, *M5*, *H*, *C1-C2* forman el brupo β; y los *M4*, *P*, *M3*, *Ch-M2* y *B*, el grupo α. Entre ambos grupos está el manuscrito *S*, que muchas veces coincide con β y algunas con α.

La edición que imprimimos en el presente libro está basada en el texto del grupo β. De los manuscritos que lo representan, el más próximo a nuestro texto es el *G* (de la Biblioteca de Gor, en Granada). Es un magnífico representante de β, sin errores ni variantes exclusivas (su falta mayor es carecer del verso 183).

Nuestra edición está en ortografía moderna. Hemos aspirado a registrar todas las variantes de los catorce manuscritos, pero no las meras variantes ortográficas. Téngase en cuenta que a veces muchos manuscritos coinciden en una variante de sentido, pero con numerosas variaciones en cuanto a la ortografía: pormenorizarlas todas hubiera llevado mucho espacio y sólo hubiera servido para producir más confusión. Pero hay ocasiones en que la grafía de un manuscrito puede abrir una pista para imaginar cómo se ha originado la variante de otros. En esos casos se respeta la grafía del manuscrito: las transgresiones de la ortografía actual bastarán para que el lector se dé cuenta de cuándo se está reproduciendo exactamente la del manuscrito.

DÁMASO ALONSO

EPÍSTOLA MORAL A FABIO
Y OTROS ESCRITOS

EPÍSTOLA MORAL A FABIO

Fabio, las esperanzas cortesanas
prisiones son do el ambicioso muere
y donde al más activo nacen canas.

El que no las limare o las rompiere,
5   ni el nombre de varón ha merecido,
ni subir al honor que pretendiere.

El ánimo plebeyo y abatido
elija, en sus intentos temeroso,
primero estar suspenso que caído;

10   que el corazón entero y generoso
al caso adverso inclinará la frente
antes que la rodilla al poderoso.

Más triunfos, más coronas dio al prudente
que supo retirarse, la fortuna,

---

² «Prisiones son do el apetito muere» es la curiosa lectura de un manuscrito.□

³ Este primer terceto trata el tópico general del «menosprecio de corte», del que podrían señalarse infinidad de lugares más o menos parecidos. Una fuente para estos versos se ha buscado en Ariosto.○

⁵ El tema del varón ambicioso tiene conceptos semejantes en dos odas y en un soneto de Medrano.○

⁶ Los seis primeros versos encuentran un antecedente cercano en Horacio, *Epist.* I, XVI, 65-68.○

⁹ El grupo de manuscritos que en el Prólogo (Historia del texto) hemos llamado α lee «procura, en sus intentos temeroso, / antes estar suspenso que caído».□ Los nueve primeros versos tienen una base próxima en la epístola XXII de Séneca, si bien el cordobés trata ahí de un hombre metido en negocios y Andrada critica al todavía pretendiente.○

¹² Todo el pasaje (1-12) parece tener una base sólida en el *De tranquillitate animi*, X y XVI de Séneca. Por su parte los versos 7-12 pueden tomarse como glosa de la máxima senequista «calamitas virtutis occasio est» que aparece en *De providentia*, IV, 6. Lugares comunes a «inclinará la frente / antes que la rodilla al poderoso» hay en Medrano, *Ode* XXX y en Ariosto, *Sat.* III.○ [Para la serie *corazón, frente, rodilla*, véase el Estudio preliminar, pp. XIV-XV.]

¹³ Los manuscritos del grupo α copian «Más coronas, más triunfos dio al prudente».□

15   que al que esperó obstinada y locamente.

         Esta invasión terrible e importuna
         de contrarios sucesos nos espera
         desde el primer sollozo de la cuna.

         Dejémosla pasar como a la fiera
20   corriente del gran Betis, cuando airado
         dilata hasta los montes su ribera.

         Aquel entre los héroes es contado
         que el premio mereció, no quien le alcanza
         por vanas consecuencias del estado.

25   Peculio propio es ya de la privanza
         cuanto de Astrea fue, cuanto regía
         con su temida espada y su balanza.

         El oro, la maldad, la tiranía
         del inicuo, precede, y pasa al bueno:

---

[15] Los versos 7-15 están unidos por el sentido: la esperanza (del cortesano) va siempre junta con el miedo; lo prudente es retirarse, mejor que esperar obstinadamente. A su vez, los versos 13-15 tienen un referente lejano en la epístola XXII, 5 de Séneca.°

[18] De la cuna como inicio del valle de lágrimas también habla Medrano, *Son.* L, verso 14: «Prosigo el llanto que empecé en la cuna». Merece citarse la disparatada lectura que de este verso hizo Sedano (seguido por Estala, III): «desde el primer sollozo hasta la cuna». ¡Breve tiempo!

[21] En Horacio y en Medrano se viene a decir que al ambicioso, que se quiere meter en el mismo tráfago de los negocios, frecuentemente es arruinado por éstos en su movimiento; y en Andrada, que hay que dejar con indiferencia que pasen junto a nosotros los sucesos desastrados. Ideas semejantes hay en Séneca.°

[24] Es un lugar común que quizá venga de Séneca, pero hay algunas semejanzas entre este verso y otros de Herrera y de Ercilla.°

[26] [Véase el Estudio preliminar, pp. XXIV-XXV.]

[27] La lectura «cuanto de Austria fue, cuando regía / con su temida espada y fuerte lanza», que no aparece en manuscrito alguno, ocurre porque Sedano corrigió de lamentable modo lo que no entendía, dando al terceto un sentido político que no es del caso.□°

[29] He puesto coma detrás de *precede* porque (contra la primera impresión del lector) es seguro que ese verbo no lleva complemento alguno y tiene ahí un sentido más bien latinizante (como en *praecedere dignitate*). El poeta viene a decir 'El oro..., del inicuo, es lo que tiene la precedencia y así, en la corte, supera a la virtud del honesto'. No creo que se pueda entender 'precede al bueno y adelanta al bueno'; semejante redundancia es en absoluto inesperable en autor de lengua tan medida y exacta.°

30   ¿qué espera la virtud o qué confía?

        Ven y reposa en el materno seno
        de la antigua Romúlea, cuyo clima
        te será más humano y más sereno;

        adonde, por lo menos, cuando oprima
35   nuestro cuerpo la tierra, dirá alguno
        «¡Blanda le sea!», al derramarla encima;

        donde no dejarás la mesa ayuno,
        cuando en ella te falte el pece raro
        o cuando su pavón nos niegue Juno.

40   Busca, pues, el sosiego dulce y caro,
        como en la oscura noche del Egeo
        busca el piloto el eminente faro;

        que si acortas y ciñes tu deseo,
        dirás: «Lo que desprecio he conseguido,
45   que la opinión vulgar es devaneo».

        Más quiere el ruiseñor su pobre nido

---

30 El verbo *confiar*, en la acepción en que aquí lo emplea Andrada, es normalmente intransitivo en castellano (*confiar en algo*), aunque alguna vez se encuentran en autores clásicos usos parecidos al comentado («confío que...», en Lope). Tres manuscritos, con su variante, restablecen el uso general.□

32 Sevilla era entre los romanos Hispalis, colonia Julia Romula.

33 El sentido de 'agradable', 'apacible', 'suave', etc... que *humano* tiene, se refiere ordinariamente a personas; el poeta lo amplía al clima. Pero es probable que pensara tanto en las condiciones físicas como en el ambiente moral.

36 En los versos 31-36 hay un influjo considerable de Horacio, cuyo *Carm.* II, VI, 21-24, ya había deja-

do huella en Medrano, *Odes* XXXI.○

38 *pece*: no infrecuente en poesía del XVI, se encuentra también en Medrano, *Son.* XLIV, verso 12.

39 El pavón era el ave de Juno. Por lo que toca a la mención conjunta del *pavón* y el *pece raro*, compárese con Horacio, *Sat.* I, II, 115-116 y Séneca, *Epist.* CXIX, 12.○

41 Una fuente en sendas odas de Horacio y de Medrano avala la lectura correcta de este verso.□○

45 Máxima cercana a otras de Séneca.○

46 *patrio nido* es la interesante lectura de tres manuscritos. La idea del ruiseñor encerrado estaba también en Ariosto, *Sat.* III, verso 37: «Mal può durar il rossignolo in gabbia...».□

de pluma y leves pajas, más sus quejas
en el bosque repuesto y escondido,

que agradar lisonjero las orejas
50   de algún príncipe insigne, aprisionado
en el metal de las doradas rejas.

Triste de aquel que vive destinado
a esa antigua colonia de los vicios,
augur de los semblantes del privado.

55   Cese el ansia y la sed de los oficios,
que acepta el don, y burla del intento,
el ídolo a quien haces sacrificios.

Iguala con la vida el pensamiento,
y no le pasarás de hoy a mañana,
60   ni quizá de un momento a otro momento.

Casi no tienes ni una sombra vana
de nuestra grande Itálica, ¿y esperas?

---

48 A primera vista parecería quizá mejor «en el bosque, repuesto y escondido»; con esa coma tras *bosque*, «repuesto y escondido» se referiría al ruiseñor. Pero hay evidentes reminiscencias (Garcilaso, Herrera) que, a mi entender, resuelven la duda.°

51 Algunos críticos creyeron mal construido el verso 50, en el que una «coordinación anfibológica» podía calificar de *aprisionado* al príncipe y al ruiseñor. No hay tal duda.°

54 Este conciso y exacto terceto ha sido elogiado muchas veces y la crítica ha hecho notar la enérgica expresión «colonia de los vicios» y la felicidad de la comparación de los pretendientes con *augures* de las caras que pone el privado. Obsérvese de paso cuán absurda es, a la luz de estos versos, la opinión de los que han pensado que Fabio podía ser el Conde-Duque. Fabio no era un privado, sino un pretendiente. Que la faz del privado era baremo para el pretendiente también lo supo Medrano, *Ode* XXX, versos 21-30.°

55 Este verso tiene coincidencias con Séneca, *Epist.* XXII, 3: «...toto impetu, totis viribus id age, ut te istis officiis exuas»; y *Epist.* XIX, 5: «...maiora deinde officia te excipient et ex aliis alia. Quis exitus erit?».

57 El *ídolo* es el privado o el poderoso en la corte. Véase el verso 54.

60 El carácter proyectivo y positivo de este terceto tiene una justificación estupenda en Séneca, *Epist.* V, 7-9.°

62 A primera vista parece más evocadora la lectura de los manuscritos del grupo α: «nuestra antigua Itálica», si bien lo importante aquí es contrastar la grandeza antigua con la ruina presente.□□

¡Oh error perpetuo de la suerte humana!

Las enseñas grecianas, las banderas
65   del senado y romana monarquía,
murieron, y pasaron sus carreras.

¿Qué es nuestra vida más que un breve día,
do apenas sale el sol, cuando se pierde
en las tinieblas de la noche fría?

70   ¿Qué más que el heno, a la mañana verde,
seco a la tarde? ¡Oh ciego desvarío!
¿Será que de este sueño se recuerde?

¿Será que pueda ver que me desvío
de la vida, viviendo, y que está unida
75   la cauta muerte al simple vivir mío?

Como los ríos, que en veloz corrida
se llevan a la mar, tal soy llevado
al último suspiro de mi vida.

---

[63] Comienzan aquí, y continúan en los tercetos siguientes, los ejemplos que demuestran la sanidad de los consejos dados en los versos 58-60.

[66] La concisión y rapidez con que Fernández de Andrada toca el tema del *ubi sunt* (versos 64-66) y de las grandezas fenecidas de Grecia y Roma, sin alarde de indigesta erudición, es un detalle más de su precisión temática y de su fino conceptismo estilístico. Por otro lado los versos 61-66 han sido relacionados con unos de Lomas Cantoral en la epístola a Felipe Ortega.°

[71] En los versos 67-71 hay ideas contenidas ya en *Psalm.* 89, 6; 101, 12; 102, 15, y en *Isai.*, 40, 6-7.° [Para el eco de Petrarca, en estos versos, véase el Estudio preliminar, pp. XI-XIII.]

[72] '¿*Será* posible, llegará a suceder *que* ... recuerde?'

[73] La concordancia de la gran mayoría de manuscritos asegura el texto de estos versos (72-73), así como también lo garantizan los muchos antecedentes en literatura española del uso de ese mismo giro. Lo emplea varias veces Medrano y lo aclara Cuervo. La variante más curiosa e innovadora la da *T*: «¿Será quien de este sueño se recuerde?».□○

[78] Los versos 76-78 son una clarísima referencia a la copla manriqueña que comienza: «Nuestras vidas son los ríos / que van a dar a la mar, / que es el morir».

De la pasada edad ¿qué me ha quedado?
80   O ¿qué tengo yo, a dicha, en la que espero,
sin alguna noticia de mi hado?

¡Oh si acabase, viendo cómo muero,
de aprender a morir antes que llegue
aquel forzoso término postrero:

85   antes que aquesta mies inútil siegue
de la severa muerte dura mano,
y a la común materia se la entregue!

Pasáronse las flores del verano,
el otoño pasó con sus racimos,
90   pasó el invierno con sus nieves cano;

las hojas que en las altas selvas vimos,
cayeron, ¡y nosotros a porfía

79 Este terceto tiene una fuente cercana en Séneca, *Epist.* IV, 5: «Hoc cotidie meditare, ut possis aequo animo vitam relinquere, quam multi sic complectuntur et tenent, quomodo qui aqua torrente rapiuntur, spinas et aspera». El pensamiento es distinto: en Andrada hay sólo la comparación del que vive llevado como un veloz río hacia el mar; Séneca nos dice que muchos se aferran a la vida como quien, arrastrado por un torrente, se agarra aún a las ramas espinosas de la orilla.
81 La coincidencia de todo el grupo β hace totalmente segura la lectura «sin alguna noticia», si ya no la saneara, por otro lado, el ser la única que tiene buen sentido. El de los versos 79-81 viene a ser '¿qué me resta de mis años pasados? o ¿qué puedo llamar, por ventura, mío, en los que aún espero, pues no tengo noticia alguna de cuál es el destino que me aguarda?'.□○
84 Termina aquí el desarrollo de lo comenzado en el verso 73. 'Morimos viviendo: nuestra vida está muerta ya; debemos aprender a morir', son pensamientos muchas veces recurrentes en Séneca; por ejemplo, *Epist.* XXIV, 20.○
87 Son versos muy parecidos a otros de Medrano: «¿Qué somos, pues, qué somos? Un traslado / desto, una mies, Sorino, más tardía. / ¡Y a cuántos sin granar los han segado!», *Son.* XLVII, versos 12-14.
89 «el otoño llegó con sus racimos» es la lectura de *S* que algún crítico justificó por su doble valor estilístico.○
90 En su misma epístola XXIV de Séneca, de la que hemos citado un pasaje en nota al verso 84, está, § 26, la enumeración del pasar de los días y las estaciones, pero en ese lugar, y en otros semejantes, Séneca está atento a la idea del eterno retorno.
92 *cayeron* es el término que parece justificar la relación de estos versos con la *Epístola a Lomas Cantoral.*○

en nuestro engaño inmóviles vivimos!

Temamos al Señor, que nos envía
95   las espigas del año y la hartura,
y la temprana pluvia y la tardía.

No imitemos la tierra siempre dura
a las aguas del cielo y al arado,
ni la vid cuyo fruto no madura.

100   ¿Piensas acaso tú que fue criado
el varón para el rayo de la guerra,
para sulcar el piélago salado,

para medir el orbe de la tierra
y el cerco por do el sol siempre camina?
105   ¡Oh, quien así lo entiende, cuánto yerra!

Esta nuestra porción alta y divina
a mayores acciones es llamada
y en más nobles objetos se termina.

---

93 En los versos 88-93 se llega a la
cima de un crescendo iniciado en el 62
con el ejemplo de Itálica: todo pasa,
todo acaba.

95 Para poder contar 11 sílabas *hartura* ha de leerse con *h* aspirada, que
entonces usaban aún, a veces, los mismos poetas castellanos, y que todavía dura hoy en el habla popular an-
daluza.

96 Conservo en el texto la grafía
pluvia, de todos los manuscritos, menos tres. La considero mero cultismo
ortográfico, y la mantengo por el carácter de la presente edición.

99 La fuente inmediata de los versos 94-96 es *Jeremías* 5, 24, aunque
algunos críticos hayan señalado como
fuente principal de los versos 94-99
algunos pasajes de *Deuter.* 11.°

101 «Aquí nació aquel rayo de la

guerra» es verso de Caro, *Canción a
las ruinas de Itálica*, semejante al de Andrada.

102 *sulcar el piélago* tuvo éxito en la
tradición herreriana. El mismo Herrera la usa en la *Elegía* VI, 2400: «sulca
el piélago inmenso peregrino»; también Rioja en el soneto XVII: «sulqué,
osado, / piélago». Por otro lado, la
coincidencia con Herrera va más allá
de la expresión; como Andrada (vv.
100-102), aquél fustiga la ambición de
los que se lanzan al mar o a la guerra
(vv. 2399-2404).

104 Entiéndase *orbe* (v. 103) con el
valor de 'círculo': *Medir el orbe* puede
tener dos interpretaciones: 'medir o calcular la medida' como quiere leer algún crítico o, para acercar más la lectura a la tradición senequista, 'medir
viajando, caminando'.°

Así aquella que a solo el hombre es dada
110 sacra razón y pura me despierta,
de esplendor y de rayos coronada;

y en la fría región, dura y desierta,
de aqueste pecho enciende nueva llama,
y la luz vuelve a arder que estaba muerta.

115 Quiero, Fabio, seguir a quien me llama,
y callado pasar entre la gente,
que no afecto los nombres ni la fama.

El soberbio tirano del Oriente,
que maciza las torres de cien codos,
120 del cándido metal puro y luciente,

apenas puede ya comprar los modos
del pecar. La virtud es más barata:
ella consigo misma ruega a todos.

¡Mísero aquel que corre y se dilata
125 por cuantos son los climas y los mares,
perseguidor del oro y de la plata!

Un ángulo me basta entre mis lares,

---

114 Sobre la alteza de la razón y el origen divino del alma (vv. 109-114) pueden encontrarse muchos pasajes en Séneca. Por ejemplo, en *Epist.* XLI, 5-9. Menéndez Pelayo cita el lugar de Horacio (*Sat.* II, II, 79) donde se dice que con los excesos de la víspera, el cuerpo «adfigit humo divinae particulam aurae». [Véase también el Estudio preliminar, pp. XVI-XVII.]

117 *afectar* ha de leerse con el sentido de 'apetecer o procurar'.°

118 «Cuando el fiero tirano d'Oriente» es verso de Herrera, *Elegía* VI, 3602; el mismo Herrera, en la *Canción... por la vitoria del Señor don Juan*, verso 11, escribe: «El soberbio tirano».

119 'Que maciza de plata las torres de cien codos'; varios manuscritos traen coma tras «codos».□

120 Parecida a ésta hay una expresión en Medrano, *Ode* XXX, 16: «o como a Creso lo macice el oro».

126 Son frecuentes los pasajes que muestran la oposición de Séneca a los viajes: en general esta repugnancia proviene de que, según él, no sirven para curar los males del ánimo.°

127 *ángulo* con sentido de 'rincón' es evidente latinismo: «Ille terrarum mihi omnis / angulus ridet...», Horacio, *Carm.* II, II, 13-14.°

un libro y un amigo, un sueño breve,
que no perturben deudas ni pesares.

130   Esto tan solamente es cuanto debe
naturaleza al parco y al discreto,
y algún manjar común, honesto y leve.

No, porque así te escribo, hagas conceto
que pongo la virtud en ejercicio:
135   que aun esto fue difícil a Epicteto.

Basta, al que empieza, aborrecer el vicio,
y el ánimo enseñar a ser modesto;
después le será el cielo más propicio.

Despreciar el deleite no es supuesto
140   de sólida virtud, que aun el vicioso
en sí propio le nota de molesto.

Mas no podrás negarme cuán forzoso
este camino sea al alto asiento,
morada de la paz y del reposo.

145   No sazona la fruta en un momento
aquella inteligencia que mensura
la duración de todo a su talento:

flor la vimos primero, hermosa y pura;

---

[132] La parquedad en la lectura y en el comportamiento (vv. 127-132) son ideas que se encuentran frecuentemente en los estoicos, y desde luego en Séneca. Por su parte, el alto concepto en que éste tiene la amistad puede verse en *Epist.* III.°

[133] *hagas conceto*: 'formes idea'.

[135] *Epicteto* es decisión nuestra. Los manuscritos leen bien 'Epitecto', bien 'Epiteto'.□ [Véase el Estudio preliminar, pp. XIX-XX.]

[139] *supuesto*: 'premisa'.

[141] *notar*: como en el verso 174, 'reprochar', 'criticar'.

[144] Son muchos los pasajes de Séneca de sentido y expresión más o menos próximos a estos versos (133-144) de Andrada. Menéndez Pelayo cita como posible modelo a Horacio, *Epist.* I, II, 40-41: «Dimidium facti, qui coepit, habet; sapere aude, / incipe...».°

[148] Los manuscritos del grupo α leen «vimos ayer hermosa».□

luego, materia acerba y desabrida;
150   y perfecta después, dulce y madura.

Tal la humana prudencia es bien que mida
y comparta y dispense las acciones
que han de ser compañeras de la vida.

No quiera Dios que siga los varones
155   que moran nuestras plazas, macilentos,
de la virtud infames histrïones;

esos inmundos trágicos y atentos
al aplauso común, cuyas entrañas
son infaustos y oscuros monumentos.

160   ¡Cuán callada que pasa las montañas
el aura, respirando mansamente!
¡Qué gárrula y sonante por las cañas!

¡Qué muda la virtud por el prudente!
¡Qué redundante y llena de rüido
165   por el vano, ambicioso y aparente!

<hr />

150 «y sabrosa después» es variante de los manuscritos de la familia α.□ Los versos 133-150 tienen cierta relación con los tercetos de la *Epístola a don Diego de Mendoza* (vv. 91-102) de Boscán.○

151 «humana natura es» copian los manuscritos agrupados en α.□

153 Desde el verso 154 ha de comenzar un largo pasaje que procede de la epístola V a Lucilio. Tenido esto en cuenta, los versos 151-153 podrían compararse con las primeras líneas de esa epístola (que inmediatamente anteceden a dicho pasaje imitado desde el verso 154): «Quod pertinaciter studes et omnibus omissis hoc unum agis, ut te meliorem cotidie facias, et probo et gaudeo, nec tantum hortor, ut perse-

veres, sed etiam rogo». Séneca aprueba lo que Lucilio, parece, le había escrito; Andrada resume en tres versos el programa de perfeccionamiento que ha expuesto en todo lo que antecede.

155 *moran* es aquí verbo transitivo, como en Medrano. Puede haber una posible alusión a los frailes en «los varones / que moran nuestras plazas»; véase la nota complementaria 159.

159 Una fuente indudable para los versos 154-159 es Séneca, *Epist.* V, 1-2.○

162 Expresiones parecidas hay en Boscán.○

165 Una parte de la crítica ha creído innecesaria la idea expresada en los versos 163-165 porque ya queda clara y cerrada en el terceto anterior.○

Quiero imitar al pueblo en el vestido,
en las costumbres sólo a los mejores,
sin presumir de roto y mal ceñido.

170   No resplandezca el oro y los colores
en nuestro traje, ni tampoco sea
igual al de los dóricos cantores.

Una mediana vida yo posea,
un estilo común y moderado,
que no le note nadie que le vea.

175   En el plebeyo barro mal tostado,
hubo ya quien bebió tan ambicioso
como en el vaso múrrino preciado;

y alguno tan ilustre y generoso
que usó como si fuera vil gaveta,
180   del cristal transparente y luminoso.

Sin la templanza ¿viste tú perfeta
alguna cosa? ¡Oh muerte!, ven callada
como sueles venir en la saeta;

no en la tonante máquina preñada
185   de fuego y de rumor, que no es mi puerta

[167] El manuscrito *P* copia «menores».□

[169] Base firme para este pasaje (vv. 166-171) es Séneca, que llega hasta Medrano.○

[171] Puede haber aquí una referencia a los cantores y pastores bucólicos de Teócrito. Por ejemplo, en el *Idilio* VII, versos 15-19, habla de un cantor cabrero que lleva sobre los hombros la piel de un macho cabrío y en torno al pecho un manto viejo.

[174] La idea de los versos 172-174 ya se lee en Séneca.○

[177] La lectura 'barro' por *vaso* es fundamental para adivinar qué manuscritos presentan una versión más cercana a la correcta. Parece que los que copian 'vaso' están más cerca del original.□ *Murra* o *myrra* (a veces con *-rrh-*) se llamaba en latín un mineral que investigaciones modernas identifican con el espato flúor.○

[179] *vil gaveta* es, sin duda, la lectura correcta frente a la de algunas ediciones de los siglos XVIII y XIX.○

[180] El modelo es Séneca, *Epist.* V, 6.○

[182] Pensamientos semejantes, aunque con expresión bastante distinta, se encuentran en Boscán.○

de doblados metales fabricada.

Así, Fabio, me muestra descubierta
su esencia la verdad, y mi albedrío
con ella se compone y se concierta.

190   No te burles de ver cuánto confío,
ni al arte de decir, vana y pomposa,
el ardor atribuyas de este brío.

¿Es por ventura menos poderosa
que el vicio la virtud, o menos fuerte?
195   No la arguyas de flaca y temerosa.

La codicia en las manos de la suerte
se arroja al mar, la ira a las espadas,
y la ambición se ríe de la muerte.

¿Y no serán siquiera tan osadas
200   las opuestas acciones, si las miro
de más ilustres genios ayudadas?

---

[186] El poeta dice que su puerta no es de doblados metales, es decir, recia o fuerte; que recibirá a la muerte sin intentar negarle la entrada. Así, es absurda la lectura que hace Castro («de dorados metales») basándose en el manuscrito S.□

[192] En muchos pasajes Séneca censura los excesos de la retórica y atribuye valor a los hechos y no a las palabras.○

[195] *arguyas de*...: 'taches, o tildes, o califiques de...'

[198] Aparte de con Séneca, tienen estos tercetos, con algunas diferencias, cierto parecido en la forma de razonamiento con la *Epístola a Arias Montano sobre la contemplación de Dios*.□○

[201] Para interpretar cabalmente este verso, sin los errores de algunos copistas y editores, hay que tener en cuenta que para los romanos cada hombre tenía su genio tutelar, el cual presidía sus acciones; pero también cada acción podía tener su genio particular. Andrada acaba de hablar de las acciones del mercader, del iracundo, del ambicioso; y al preguntarse ahora si no se atreverán a tanto las del desinteresado, del pacífico, del que nada desea, añade que bien podrán, ayudadas, como corresponde, por genios más ilustres.□

Ya, dulce amigo, huyo y me retiro
de cuanto simple amé: rompí los lazos.
Ven y sabrás al grande fin que aspiro,
205   antes que el tiempo muera en nuestros brazos.

---

[203] Algunos copistas prefirieron 'siempre' en vez de *simple*.□○
[205] Es muy probable que Andrada fuera lector de Francisco de Aldana, que en varias de sus composiciones toca temas próximos y lo hace con espíritu muy semejante.○ [Sobre el sentido de *el tiempo... en nuestros brazos*, véase el Estudio preliminar, pp. XV-XVIII.]

APÉNDICES

I

OTRO POEMA DE FERNÁNDEZ DE ANDRADA: «SILVA A LA TOMA DE LARACHE»

Es muy importante lo que conocemos —poco, pero seguro— de la amistad que unió a Fernández de Andrada con Rioja. Precisamente, entre los papeles de éste, se nos ha conservado la única otra muestra que, además de la *Epístola*, nos queda de la actividad poética de Fernández de Andrada. Esa otra muestra está entre los papeles del manuscrito 3888 de la Biblioteca Nacional, que contiene la colección de poesías de Rioja, fechada en 1614. Es sólo un fragmento. El título, muy explicativo, nos da una clara idea de cuál era el contenido de todo el poema. He aquí el fragmento:[1]

La entrega de Larache al Re[y] Nuestro Señor don Phelippe III.
La muerte del Rey de Francia Enrique [IV].
La expulsión de los moriscos de estos Reinos de España.
Por Andrés Fernández de Andrada.

SILVA

...que hoy ves en tus castillos y riberas,[2]
ni el oprimir tus olas
las naves y galeras españolas,
y por el precio vil el Africano
entregar el imperio
del soberbio oceano
a estraña religión, a estraña gente,
no con pavor detenga tu corriente.

Luco, famoso río,
prevén un nuevo espanto,

---

[1] Modernizo la ortografía en todo aquello que no implica una posible diferencia fonética.

[2] Delante de este verso hay uno tachado que dice «asiste, asiste, Clori».

87

prevén admiración a un caso mío.
Bien sé toda la historia;
no me relates el antiguo llanto,
ni aquel oscuro día
en que perdió su príncipe y su gloria
la ilustre Lusitania,
ni me digas que mire a Mauritania,
que ya venció, vendida
por una avara mano fementida;
oye mayor suceso, escucha el cuento
desigual al humano pensamiento.

Lutetia, tú que con dolor sospiras,
suelto el cabello y sin la antigua pompa,
¿por qué te maravillas
que cuando se enlazaba las hebillas
del grabado y luciente coselete,
y cuando ya el penacho en el almete
lozano ventilaba,
y agudos filos a su espada daba
ese tu rey guerrero,
amenazando a España,
a Italia y a Alemaña,
una plebeya mano y un cuchillo
quitase a las falanges su caudillo,
apagase la antorcha, el triste fuego
que había de abrasar nuestro sosiego?

Enrico yace muerto...

Por desgracia, se trata de un fragmento sin principio y sin final.
De los tres temas anunciados en el título, es en medio del primero
(la entrega de Larache) donde comienza el fragmento; y termina
cuando aún faltaban versos del segundo tema (asesinato de Enrique IV).

Es curioso que en un poema serio, como éste (muy distinto
de la habitual sátira política), se hable, sin rebozo, del carácter de
compra, y no de victoria guerrera, que tuvo la adquisición de Larache por España:

> ...por el precio vil el Africano
> entregar el imperio
> del soberbio oceano [3]
> a estraña religión, a estraña gente...

E insiste aún:

> ...ni me digas que mire a Mauritania,
> que ya venció, vendida
> por una avara mano fementida...

En el título del fragmento se dice «la entrega de Larache». En Madrid, en cambio, la adulación cortesana cantó «la toma de Larache». Así, Góngora, en su famosa Oda (*Obras completas*, núm. 396).[4] Claro que ni el más adulador cortesano podría convertir en hazaña guerrera lo que fue trato; y en la misma canción de Góngora se ve bien patente: España eleva al cielo sus oraciones de gracias,

> a la alta de Dios, sí, no a la de un moro
> bárbara majestad, reconocida ...   (vv. 38-39)

Y más adelante le dice el poeta a Felipe III:

> ...si a las armas no, si no al funesto
> son de las trompas (que no aguardó a esto),
> Abila su coluna
> a vuestros pies rindió, a vuestra fortuna... (vv. 74-77)

El tono de áulica lisonja es, sin embargo, evidente; y más aún en un soneto que Góngora dedicó también al tema de Larache (*Obras completas*, núm. 316). Pero en el otro plano de su poesía, en el picaresco, tenemos dos décimas, y en ellas no deja de señalar

---

[3] Para la importancia naval de la posesión de Larache, véase el soneto de Góngora «La fuerza que infestando las ajenas» (*Obras completas*, núm. 316) y el correspondiente comentario de Salcedo Coronel, *Segundo tomo de las obras de Góngora*, 178-185.

[4] «De la toma de Larache» es el título en el manuscrito Chacón; en la edición de Hoces también se lee «A la toma de Larache, Plaça fuerte de África», pero, a continuación, «que se entregó por trato con Mulei Jeque, rey de Fez». Salcedo Coronel, en el *Segundo tomo de las obras de Góngora*, 6, la llama «memorable entrega».

maliciosamente que no hubo tal conquista, sino mera compra: el marqués de San Germán (jefe de la expedición) ha bautizado —nos dice— al «fuerte» moro,

> y por más pompa y decoro,
> siendo su compadre él mismo,
> diez velas llevó al bautismo,
> con muchos escudos de oro.

Alude a la generosidad de un padrino rumboso: el marqués ha llevado al bautizo del «fuerte» moro, diez velas (las naves de su escuadra) y muchos escudos de oro (los de la compra). Hubo, pues, demostración de poder naval que facilitó el trato o compra.

En el fragmento de Andrés Fernández de Andrada, estamos muy lejos de ese ambiente de adulación en que respira la poesía seria de Góngora a la «toma de Larache»; nada tampoco, en el fragmento de Andrada, de los guiños apicarados que al mismo tema dedican las décimas del gran cordobés. En dicho fragmento, diríamos que el autor está indignado por la venta realizada, y que más bien toma el partido de la Mauritania

> ...vendida
> por una avara mano fementida.

Tal nobleza, tal independencia de criterio, en nada contradice, sino que confirma, el alto espíritu y el asco de la adulación que se respira en la *Epístola Moral*. Sospechamos fuertemente que, en lo político, Fernández de Andrada era un espíritu independiente.

¿Y en cuanto a valor literario? Poco se puede afirmar sobre la escasísima base de sólo unos cuantos versos. En el fragmento hay siempre nobleza y exactitud de expresión, con evidentes recuerdos herrerianos de la canción «por la pérdida del rey don Sebastián», muy naturales, dado el tema.[5] Hay gallardía, viveza y

[5] Más que un influjo hay voluntario recuerdo. Nótese que Herrera (*Poesías*, 51) acababa su canción amenazando a Libia: «...que si el justo dolor mueve a venganza / alguna vez el Español corage, / despedaçada con aguda lança, / compensarás muriendo el hecho ultrage; / i Luco amedrentado al mar immenso / pagará d'Afri-cana sangre el censo». Es indudable que Andrada recuerda amargamente estos versos. El río Luco no «paga ... el censo» debido en sangre, sino que ve cómo los africanos se cobran los buenos dineros que los cristianos abonan por Larache. Los españoles no van como guerreros, sino como mercaderes.

capacidad descriptiva, en las líneas que tratan de Enrique IV, asesinado cuando se disponía a guerrear:

> ...que cuando se enlazaba las hebillas
> del grabado y luciente coselete,
> y cuando ya el penacho en el almete
> lozano ventilaba,
> y agudos filos a su espada daba
> ese tu rey guerrero,
> amenazando a España,
> a Italia y a Alemaña,
> una plebeya mano y un cuchillo
> quitase a las falanges su caudillo...

No cabe duda de que Andrés Fernández de Andrada era apreciado como poeta, aunque sólo debía de serlo en ambientes muy escogidos de Sevilla. La inclusión de este fragmento entre las páginas de un manuscrito[6] de Rioja (en gran parte, de este famoso poeta, colección formada evidentemente en un círculo selecto y muy próximo a él) indica la consideración en que se tenía a Fernández de Andrada. Es el manuscrito que contiene autógrafos de Medrano, una serie de sonetos de don Luis Carrillo, la *Canción a las ruinas de Itálica*, de Caro, y la copiosa junta de poemas de Rioja, con muchos autógrafos suyos: este precioso manuscrito es como un recinto al que no se tuvo entrada sin pruebas que satisficieran a un criterio de estética rigorista: en ese recinto se conservó, como reliquia de mérito, la hoja que contenía —sin principio ni fin— unos cuantos versos de Fernández de Andrada.

Más aún: Rioja era amigo suyo y le estimaba tanto que le dedicó una noble y bella composición, la silva «Al verano».[7] La estimación que evidentemente sentía por Andrada un hombre tan refinado como Rioja, es un dato que la crítica no ha conocido o no ha sabido valorar.

Ante todo, ¿cómo es la silva que le dedicó? Nadie se ha parado, creo, a indagarlo. Para hacerlo ahora, lo primero que habrá

---

[6] Este manuscrito de la Biblioteca Nacional hoy lleva la signatura 3888; es el antiguo M-82. Véase su descripción pormenorizada en La Barrera [1867:137-151]. Aunque esa descripción necesitaría ser revisada en detalle, es valedera en general. Véase por lo que toca a los autógrafos de Medrano, Alonso [1948:83-88 y 1958:385-391].

[7] La Barrera [1867:234-237].

que notar es la escasez de dedicatorias en la obra de Rioja. Hay varias, sí, a don Juan de Fonseca, con el que le unían amistad, aficiones y también todo un sistema de útiles vínculos sociales. A la cabeza de ese sistema estaba el Conde-Duque: no nos extrañan, pues, los sonetos de Rioja en que figura Manlio (sin duda, como ya vio La Barrera, el Conde-Duque). Aparte esas dedicatorias internas o externas, sólo encontramos en la obra de Rioja un soneto con motivo de la muerte de Medrano, una silva a don Francisco de Villalón, otra a Pacheco y la dedicada originalmente a Andrés Fernández de Andrada. Las dedicadas a Pacheco y a Andrada tienen una estructura bastante parecida. En una y otra, los versos finales (11 en el primer caso y 12 en el segundo) hablan respectivamente de Pacheco y Andrada. A Pacheco le dice que no tema a émulos o enemigos: su nombre será llevado a todas partes por la fama. La silva que le dedicó a Fernández de Andrada tiene por tema el verano; es bellísima y muy sevillana (próxima en algunos pasajes a la poesía de Medrano). El poeta pide al verano un paso lento.[8] He aquí ahora la parte final, en la que se dirige a Andrada:

> ¿Y tú la edad no miras de las rosas?
> Arde, Andrada, en aquel divino fuego,
> fuego divino tuyo,
> toma ejemplo del tiempo que nos huye,
> que en sus flores de tardos nos arguye,
> y no dejes pasar en ocio un punto.
> Vive en la ecelsa llama
> que a nueva gloria y resplandor te llama,
> que no sabes si al día claro y puro
> otro podrás contar ledo y seguro;
> o si el hermoso incendio que te apura
> lucirá con eterna hermosura.

Estos versos son una excitación a Fernández de Andrada para que no deje pasar el tiempo, y arda en su pasión poética, en la excelsa llama que le mueve hacia la gloria.[9]

---

[8] Y que quede la velocidad para el tiempo triste. Notablemente coincidiría en ambos deseos, dos siglos después, Lamartine.

[9] El «incendio» de un poeta puede ser también una hermosura femenina que mueve a pasión amorosa; así ocurre frecuentísimamente en Rioja. Cier-

He aquí, pues, que una de las raras dedicatorias poéticas de Rioja está dirigida a Fernández de Andrada y precisamente para excitarle a cultivar su talento poético. Comprendemos que tal excitación era más que necesaria (y no podemos menos de sonreírnos) al considerar que de Andrada, en verso, sólo nos han quedado la *Epístola Moral* y un breve fragmento.

Rioja tenía, no nos cabe duda, una gran estima por Andrada. Para apreciar debidamente este dato es necesario tener en cuenta que Rioja era un juez severísimo y ceñudo, no sólo de las producciones de los demás, sino de su propia obra. Tenemos testimonios de después de la muerte de Rioja, de cuando era viejo y de cuando era joven. Nicolás Antonio le llama «acri vir judicio» y después de enumerar sus escasas obras agrega: «Minuta alia fecit ... majoribus forsan abstinens ob judicii acrimoniam qua non aliena tantum sed et sua opera dijudicabat». Lope de Vega (que tanto le alabó en público) en la intimidad de una carta (que parece de la primavera de 1616) se regocija mucho imaginándose a Rioja «apeado de su divinidad»,[10] y aun agrega una burla contra la erudición grecolatina del sevillano.[11] Quizá el valimiento con el Conde-Duque exacerbó el natural severo y altivo de Rioja: «El Sr. D. Francisco de Rioja no da audiencia en su casa ni quiere que nadie lo vea en ella; que tanto señor hace desear y encubre los resplandores de su potencia y valimiento», dice con tan poca sim-

to. Pero esa interpretación no va bien al pasaje que comentamos. El poeta le dice a Andrada: «toma ejemplo del tiempo que nos huye, / que en sus flores de tardos nos arguye, / y no dejes pasar en ocio un punto». Es indudable que le incita a un trabajo, evidentemente, poético. Si se tratara sólo de la belleza de una dama quedaría sin explicación posible el verso «y no dejes pasar en ocio un punto». Es muy probable, sí, que Rioja, con la imagen del «incendio», aluda a la belleza de una dama que enciende pasión, pero hay que entender que Rioja anima a su amigo a cantarla. Sea cual sea la interpretación del conjunto, es imposible no incluir en él la incitación a la actividad poética.

[10] Es en carta a Sessa. Éste le había contado, parece, haber visto a Rioja absolviendo a un cuadrillero; y termina Lope con mediana fe para Rioja y sus humanidades: «quisiera mucho saber si le absolvió al usso de la iglesia griega u de la latina: que es ombre que dice que ha estudiado la filosofía por los lacedemonios» (González de Amezúa, 1935-1941:III, 238; compárese La Barrera, 1867:106).

[11] Confirma la broma de Lope (véase la nota anterior), otro testimonio del carácter fastidioso de Rioja: su censura de un acento en un dístico latino de Medrano (Alonso, 1948:74 n. 4). Para cierta controversia de Rioja con Rodrigo Caro, véase Campo [1957:91-92].

patía hacia Rioja como sorna, el licenciado Hurtado de la Puente
en una carta de 1641.[12] Nótese el gran intervalo entre esos testimonios coincidentes. Pero ya antes de 1607 le ponía Rioja los
puntos sobre las íes a Medrano, acerca de la ortografía de una
voz grecolatina. Genio y figura. (Hemos tratado a varios poetas
contemporáneos tan chinchorreros y espetados como Rioja.) Pues
bien, este juez severo, este escritor exquisito y descontentadizo
admiraba a Fernández de Andrada hasta el punto de dedicarle una
de sus mejores silvas para incitarlo a escribir.

La silva «Al verano» nos proporciona, además, otro dato del
mayor interés. La dedicatoria a Andrés Fernández de Andrada es
la primitiva; se leía en una línea antes de comenzar los versos;
y estaba en seguida, remachada en el comienzo mismo de la silva:

> Andrada, ya las horas
> del ivierno aterido...

pero, más tarde, el poeta tachó la línea que contenía la dedicatoria; tachó también, en el primer verso, la palabra «Andrada» y
la sustituyó por «Fonseca». La silva había cambiado, así, de dueño, pasando a estar dedicada a don Juan de Fonseca y Figueroa.
Lo malo es que a Rioja se le olvidó que once versos antes del
final de la silva, volvía a estar mencionado Andrada en ella («Arde,
Andrada, en aquel divino fuego»); este verso quedó, pues, sin
corregir; Rioja no supo borrar las huellas, o tal vez un dios ven-
gador de la amistad le obnubiló la mente.

Cuando se pensaba que Rioja era el autor de la *Epístola Moral*,
La Barrera creyó que el Fabio a quien va dirigida tenía que ser
don Juan de Fonseca. Fonseca, en efecto, era muy amigo de Rioja. Al desvanecerse Rioja como autor de la *Epístola*, se desvaneció
también don Juan como supuesto Fabio de ella.

No sólo era Fonseca muy amigo de Rioja, sino que además
era mucho más importante —socialmente— que Andrada. Razón
suficiente para el cambiazo (tal es la naturaleza humana). Pero
muy bien podía ser cierta la hipótesis de don Adolfo de Castro:
quizá Andrada habría muerto joven y —el muerto, al hoyo— Rioja
se habría sentido ya desligado, y dedicó su poema al poderoso
Fonseca. La hipótesis de Castro era verosímil. Pero hay otro tipo

[12] La Barrera [1867:98].

de muerte que Castro no mencionó, y es la ausencia. Es probable que en la época de la redacción de la silva Rioja la hubiera comunicado con Andrada. ¿Cómo explicar luego al amigo el poco amistoso, el brutal cambio de dedicatoria? La muerte o la ausencia de Andrada son, cualquiera de las dos, excelentes explicaciones de la libertad con que Rioja pudo obrar. Indagaciones recientes hacen hoy absolutamente seguro que Andrada no murió joven. No: Andrada se ausentó para siempre, lejos, muy lejos de su Sevilla y de España.

2

UNA CARTA FAMILIAR Y NOTICIERA

Pocos episodios en la historia de España más lamentables y aun vergonzosos que la toma y saqueo de Cádiz por los ingleses en 1596.[1] Los hechos, tal como los relata fray Pedro de Abreu, que escribía a fines de ese mismo año, fueron (expuestos esquemáticamente) los siguientes: El 29 de junio llegó a Cádiz noticia de que una poderosa armada inglesa había pasado por Lagos, en el Algarbe. El domingo 30 de junio, al amanecer, comenzó a surgir frente a la bahía gaditana. El primero de julio entró la armada enemiga sin mayor dificultad, por haberse retirado los galeones españoles que habían de defender la boca de la bahía, de los cuales uno se hundió y los demás fueron finalmente apresados. Cerca del Puntal comenzaron a desembarcar las fuerzas enemigas. Una descabellada salida de los jinetes jerezanos que habían llegado para defender la ciudad, terminó en retirada con tal desorden, que por la puerta de la ciudad entraron detrás de ellos los ingleses. Todo esto en sólo un día. El martes 2 se pactó la rendición del castillo y de «la villa» por 120.000 ducados, con entrega de rehenes para seguro del cumplimiento del pago; la demás gente de la ciudad que no se había recogido a «la villa» ni al castillo, quedaba, para rescate aparte, a la cortesía del vencedor. El día 3 se pregonó y

<hr />

[1] Abreviaturas usadas: CODOIN = *Colección de documentos inéditos para la historia de España*, tomo XXXVI, Madrid, 1860.— Abreu = *Historia del saqueo de Cádiz por los ingleses en 1596...*, por Fr. Pedro de Abreu, Cádiz, 1886.

ejecutó el saqueo, prolongado el 4. Desde el día 2, los de un modo u otro rescatados comenzaron a libertarse, bien por tierra, bien por embarcación a través de la bahía; confusa y lastimosa huida, que se prolongó bastantes días. El 14 comenzó el embarque de todos los ingleses, después de prender fuego a la ciudad. Desde los puertos al otro lado de la bahía veían el humo de los incendios. El martes 16 se hizo la armada inglesa a la vela; salieron de la bahía un día antes, pero «siendo el viento escaso ... se estuvieron quedas a la vista de Cádiz hasta otro día que, refrescando el viento, siguieron su derrota la vuelta del Cabo San Vicente».[2]

Muchas gentes se movieron a socorro de Cádiz desde distintos puntos de Andalucía, tanto más rápidamente cuanto la distancia era menor (sólo las fuerzas salidas de poblaciones próximas, como Jerez, llegaron antes de la rapidísima toma de Cádiz). Creemos que el lugar de donde partió Andrés Fernández de Andrada, autor de la carta que vamos a transcribir, fue la ciudad de Sevilla. A Sevilla llegó la noticia de la presencia de la armada enemiga el domingo 30 de junio, «a las dos horas de la noche». No sabemos cuánto tardaría Fernández de Andrada en ponerse en camino. Escribe su carta desde Sanlúcar el 15 de julio. La única noticia de hecho fechable por el texto de la carta es el incendio de Cádiz, comenzado el 14: esta noticia llegaría al poco tiempo a Sanlúcar, desde donde escribe Andrada.

La carta cuya transcripción se publica aquí (Real Academia de la Historia, Col. de Jesuitas, tomo 96/77, fols. 274-276)[3] tiene aspecto de ser una copia (carece de los rasgos habituales en carta original). La letra es del siglo XVII, sin que me parezca posible precisar más. Mantengo la ortografía, pero acentúo a la moderna; desarrollo las abreviaturas (lo suplido en ellas va en cursiva); modernizo la puntuación.

[2] Abreu, 148.
[3] Agradezco al ilustre académico don Dalmiro de la Válgoma, entonces Bibliotecario de la Real Academia de la Historia, y al señor Hernández, diligente encargado de la Biblioteca, su generosa ayuda.

Lo que *vuestra merced* me escrivió a treze recebí oy a quinze a medio día con un pliego para el V*icario*. Es muy puesto en razón querer justificar esta causa, pero espántame mucho que en la miliçia de essa çiudad y en el
5 consejo donde *vuestra merced* assiste y deue presidir parezca rigor querer castigar a los soldados que se uan, pues en el punto que nos hallamos no sé yo que aya mayor delito ni otro que merezca castigo más de ueras, y assí por lo me*s*mo se han ahorcado en Xerez y en el Puerto
10 catorze o quinze hombres. Demás que aunque esto sea poca justificación, no pone ninguna en el delito de los clérigos, ni dexa de ser muy pessado caso, y en lo que toca a que su S*eñorí*a I*lustrísi*ma no puede ser en que ahorquen a nadie, ya a mí me lo hauía dicho un gran letrado. Pero
15 no es esso lo que pedimos, sino que se castiguen los clérigos, pues prometo a *vuestra merced* que succediera una muy grande nouedad si la consideraçión del *señor* don Rodrigo no la templara con remitirse a informaçiones tan poco usadas en campaña. Al V*icario* se le dio luego la carta y priessa
20 sa para que hiziesse lo que se le ordenaua y, para entre los dos, prometo a V*uestra merced* que estaua ordenado que en estando aquellos hombres al pie de la horca, yo rogasse por su uida y se les hiziesse la graçia, pero que ellos temieron la tardança de una lengua tartamuda y la
25 breuedad de un Barracher y echáronse a la Iglesia.

De el buen gouierno y mucha gente que ay aý he tenido muy largos auisos; y créolo todo, pues *vuestra merced* lo ordena. Y paréçeme muy bien pelear de los muros adentro, pues para que uno sea perfecto soldado ha de hauer
30 sido çercado, pero esta uez yo acabaré con estos generales que no hagan açientos con Seuilla ni aun con Puerto ninguno de éstos.

La falta de cabeças la sentimos en todas partes, aunque la que aquí tenemos lo podría gouernar todo. Pero su
35 Ex*celenci*a basta. Él me*s*mo dixo que no hauía tenido más de dos cartas de Madrid, una en recomendaçión de don Luis Fajardo y otra encargando el buen puesto de los portuguesses Africanos, sin tratar con sustançia en otra cosa. El buen ánimo del prínçipe nuestro señor nos le pone
40 a todos para seruirle con grandes esperanças de la enmien-

da de esta herrada, aunque ganar a Londres no empareja
con esta desgracia.

Ayer se acabó de quemar todo lo que quisieron de Cádiz, y quedó qual puede penssar *vuestra merced*. Lo úl-
45 timo fue San Francisco por ser alojamiento de los generales, a quienes pidió don Pedro Rodríguez reseruassen
por esta razón. No tuvo effecto. Costóle su resgate dos
mill ducados y diole el conde quatro cauallos estranjeros
y dos españoles y dos azémilas y una haca muy linda y
50 un negro y adereço de espada y daga. Con que entró en
el puerto alegre y vitorioso embarcó al punto toda su gente y la nuestra, lleuándose más de çiento y çinquenta
mugeres que se uan ellas mesmas de su uoluntad, y dizen
que, entre éstas, algunas monjas. Lleuan dos hijas del Al-
55 cayde del Castillo fulano de Guerreez (?) Vizcayno, la una
dellas la más linda muger que hauía en España. Lo que
en esto ha passado no se puede contar sin lágrimas, porque oyr lo que los flamencos han hecho con todas estas
mugeres son las mayores bellaquerías que de bárbaros se
60 pudieran temer, que los Ingleses ya que han hecho algo,
ha sido con gran recato y más moderación.

Oy se ha hecho a la vela, repartida su armada en tres
esquadras. Dize que ua a las Islas Terçeras a esperar las
flotas y saquear la de la Madera, y que de camino llega-
65 rá aquí mañana a comer con nosotros, donde le tenemos
la mesa puesta en la campaña, donde nos hallamos el
gouernador don Rodrigo Ponçe y su sargento mayor
que es Fernando Cauallero, un muy gran soldado, y que
lo ha pareçido en esta ocasión, con ocho uanderas donde
70 haurá seisçientos hombres arcabuzeros y çien cauallos Cor-
doueses, y muy bien atrinchados y guarneçidos de artille-
ría, aunque ay differençias sobre si le deffenderán la des-
embarcaçión o le esperarán en esquadrón. El pareçer del
sargento mayor es no dexalle poner pie en tierra, y al fin
75 valdrá porque es el más sano. Las galeras tenemos aquí
pero tanquam si non essent, porque no ay que penssar
que sean de prouecho con otras que las lanchas, y para
llegar aquí no se ha de approuechar sino de los navíos pe-
queños y charrúas que traen pieças como Galeones de seis-
80 çientas toneladas y nadan en dos dedos de agua por ser

de la manera que *vuestra* *merced* las haurá visto en Flandes. Y porque se animen los soldados a seruir, reformó el Duque a don Pedro de Sandoual después de hauer puesto inexpugnable aquella plaça, dándosela al capitán Horosco.

85 Don Pedro se salió al punto de allí y partió a Xerez. No sé qué se ha negoçiado. El capitán Pablos de Arambul y Miguel de Alçato se offreçieron a su Excelencia de quemar el armada del henemigo, para que se les dio liçençia; y fueron tanto de más que luego despacharon aquí a dos

90 amigas suyas diziéndoles que rogassen a Dios por ellos porque otra noche iuan a quemar la armada del enemigo. Passó la palabra y supímoslo aquí y en Cádiz; y no hauía dexar llegar lancha ni barco a media legua de la armada, y mandaron que ningún español llegase a bordo; porque

95 uea *vuestra* *merced* quando se intentó algo, en lo que paró.

Esta noche estaremos a punto y en esquadrón, la cauallería en retaguardia, aguardando nuestros güéspedes: Dios lo encamine a su seruiçio.

Anoche uimos una cometta sobre este lugar. No sé si

100 ha parecido allá, porque acá, como no se duerme, contamos estrellas hasta que no ay qué contar. Naçe al Nordeste, declina la punta al sudueste, su color es aplomado. Esta gente de mar y Pilotos nos cruçifican con amenazas. De hauerla visto yo doy fee; a lo demás haga Dios lo que

105 ordenare.

Ayer entró aquí una Urca Alemana. Peleó con tres Pataches que estauan a la guardia del enemigo; matáronle alguna gente; el uiento fue próspero, y tomó este puerto.

A Xerez se passaron seis Ingleses que passaron por la

110 puente a reduzirse. Tienen talle de gente noble, según el hábito; hanlos tratado el Duque muy bien. El Alfrés de los cauallos de Xerez, que es un cauallero moço y rezién casado con hermana de don Alonso del Corral, cauallerizo del Duque, que se llamaua don Christóual de la

115 Cueua, primo de don Nuño, catibo en Cádiz, estaua tallado en mucha cantidad de dinero. Don Francisco del Corral, hermano de don Alonso, del hábito de San Juan, pidió al Duque una carta para el Almirante Inglés para ir al resgate de su cuñado. Su Excelencia sí salió, y fue de

120 tanto momento que se le dio sin blanca ni interés ningu-

no, y que si el Duque mandaua otra cosa de aquella, le
auisasse, que lo haría. Pero no por esto les he de conffesar
que han hecho buena guerra, pues sé cómo han proçedido
en todo.

125 De la Torre de la Iglesia a la hora de ésta se descubren
çinco Naos gruessas. Por momentos esperamos las demás. Yo dexo la pluma y me uoy a el arcabuz. Pueden creer mi Tía y prima que están muy seguras de este
cauallero aunque yo no esté aquí. Mas yo entiendo que

130 sus mercedes lo dizen porque, siendo el primero que he
de huir, lleuaré la noticia y todo christiano hará otro tanto y se pondrá en cobro; a quien beso las manos y las
de vuestra merced. De Sanlúcar, 15. de julio de 96. Andrés
Fernández de Andrada.

NOTAS A LA CARTA

ls. 1-2   A la carta escrita el día 13 por el corresponsal de Andrada, contesta éste el 15: estas fechas casan bien con nuestra suposición de que Sevilla es la ciudad donde residía el corresponsal.

ls. 4-6   en la miliçia de essa çiudad y en el consejo donde vuestra
merced assiste y deue presidir. Estas palabras contienen datos que
podrán servir para llegar a determinar quién era el corresponsal
a quien escribía Andrada. Nótese el normal tratamiento de «vuestra merced», que excluiría pensar en elevadas personalidades. Lo
que se dice en las líneas 128 y ss. de la carta respecto de «mi
Tía y prima» hace pensar que el corresponsal debía de ser, respectivamente, esposo y padre de estas damas, es decir, tío carnal o
político de Andrada. El humor y aun las chanzas con que Andrada trata gravísimos temas, sólo son explicables dentro de muy
estrecha intimidad.

ls. 1-25   En estas líneas, que contienen la contestación directa
a lo que le comunicaba en la carta su corresponsal y forman el
párrafo más complejo de toda la de Andrada, trata éste de una
serie de temas que pertenecen a un mismo asunto común. Los
menciona con la ligereza, apenas más que alusiva, de quien habla
de cosas que están, de un modo completo o en parte, en la mente
de aquel a quien escribe. He aquí cómo lo interpretamos: algunos
combatientes habían sido condenados a la horca en Sanlúcar por

deserción (en el Puerto y en Jerez habían ahorcado por lo mismo a catorce o quince hombres). El Arzobispo de Sevilla era opuesto a esas ejecuciones y en la milicia y el Consejo de la misma ciudad parecía excesiva la pena. La verdad es que estaba convenido que, cuando los condenados estuviesen al pie de la horca, Andrada hiciera una petición de clemencia, y se los indultaría (obsérvese, de paso, que esta intervención de Andrada hace pensar que tenía algún cargo importante —no mero combatiente raso— en la defensa de Sanlúcar). Pero había ocurrido que los condenados, temerosos de la lentitud de los trámites y de que la rapidez castrense de un barracher abreviase ejecutando la pena, prefirieron acogerse al seguro de la Iglesia.

Pero Andrada insiste en que ahora no se trataba del asunto de estos condenados, sino del «delito de los clérigos». ¿Qué «delito» era ése? Creo razonable pensar que debió producirse una competencia de jurisdicciones entre la eclesiástica y la castrense, como sabemos que pasaba bastantes veces cuando la justicia ordinaria intentaba sacar a criminales que se habían retraído a una iglesia o convento. Como, por ejemplo, ocurrió en el proceso de Hernando Nava en la ciudad de los Ángeles (Méjico) en 1554, por las heridas a Gutierre de Cetina (Rodríguez Marín, 1923: 118-180), o en el de los caballeros cordobeses que hirieron a un sobrino de don Luis de Góngora, con heridas de que había de morir, año 1605 (D. Alonso y E. Galvarriato, *Para la biografía de Góngora: documentos desconocidos*, Madrid, 1962, pp. 489 y ss., y D. Alonso, *La muerte violenta de un sobrino de Góngora*, en *Cuadernos Hispanoamericanos*, 1962, pp. 185-186).

A consecuencia de un conflicto de jurisdicciones como ésos, en Sanlúcar algunos clérigos debieron de ejecutar actos que la castrense consideró delitos. Podían ocurrir grandes alteraciones, porque la tirantez debía ser muy grande, pero don Rodrigo Ponce, que tenía el mando de las fuerzas que estaban en Sanlúcar, había procurado templarlas remitiendo el caso a «informaciones» que no se solían pedir o admitir en época de guerra.

ls. 23-25   *pero que ellos temieron la tardança de una lengua tartanuda*, etc.: Nótese que quien había de intervenir tomando la palabra para que en el último momento se indultase a los que iban a ser ahorcados era el propio Andrada. Según eso, con «lengua tartamuda» Andrada designa su propia manera de hablar. ¿Tenía algún defecto de elocución? Sería aventurado dar una contestación categórica. Quizá exageraba, bromeando. Téngase en cuenta el tono chancero, metafórico e hiperbólico a la vez, de gran parte de la carta. Nótese, sobre todo, que más adelante dice de sí mismo que será el primero que habrá de huir (líneas 129-131), afirmación que sólo como pura broma podrá interpretarse.

ls. 27-28   *pues vuestra merced la ordena.* Para la autoridad del corresponsal de Andrada, compárese líneas 4-6.

ls. 28-30   Evidentemente contesta a algo de la carta de su corresponsal. La discusión sobre la mejor manera de pelear, si ante los muros o tras ellos, era tema de aquellos días, tras el lamentable combate de la caballería fuera de los muros, en Cádiz, que fue una de las causas de la fácil toma de la ciudad. La decisión era muy grave, pues se temía el ataque a otras poblaciones. Por lo demás, Andrada sigue chanceando, como lo muestra lo que dice a continuación.

ls. 30-32   La expresión *estos generales* designa a los de la armada inglesa. Compárese en este mismo texto, líneas 45-47. Este llamar «los generales» a los ingleses no es cosa particular de Andrada, sino uso muy difundido aquellos días. Compárese Abreu, 129, 131, 137; alguna vez, «los generales ingleses», 141; lo mismo en CODOIN 349, 350, 351, 352. Lo que dice, pues, Andrada (no se olvide el temor del posible ataque a los puertos de la bahía, o a Sevilla) es que él conseguirá de los generales enemigos que no acuerden asiento o pacto alguno (obsérvese el ceceo *açientos*, atribuible, en principio, al copista) con los puertos o con Sevilla en el caso de rendición de estas poblaciones. Claro está que sigue hablando en broma sobre asunto serio.

l. 34   *la [cabeza] que aquí tenemos.* Creo que se refiere a don Rodrigo Ponce. A continuación: *Pero su Excelencia basta,* lo interpreto como antífrasis lanzada contra Medinasidonia. Nótese e' tono de lo que sigue: *Él mesmo dixo,* etc.

ls. 34-39   Por lo que toca a don Luis Fajardo véase la nota siguiente. Todavía a 16 de julio, desde Jerez, escribía Medinasidonia al rey lamentando que éste no le contestara: «no he tenido respuesta ninguna de las cartas que he escrito, habiendo 17 días que esta armada ha estado en la bahía» (CODOIN, 376), y a Idiáquez, con la misma fecha: «ni dinero, ni orden, ni respuesta he tenido de Su Majestad» (*Ibid.,* 378).

l. 37   *don Luis Fajardo.* Para su relación con el socorro a Cádiz, véase CODOIN, 379-400. Don Luis Fajardo había sido en viado por el rey: «Con la mayor diligencia que pude llegué ... a Jerez a los 10 deste ... donde hallé al duque de Medinasidonia, y habiéndole dado la carta de Vuestra Majestad, le pedí me ocupase...» (carta al rey de 14 de julio 1596, *ibid.*, 380). Fajardo deseaba acudir adonde «más ocasiones hobiese». Propuso liberar a Cádiz por el puente de Zuazo, a lo que el duque se opuso «por la falta de gente y municiones». De las cartas de Fajardo al rey se deduce que su misión era reconocer los navíos útiles y además informar verazmente de lo sucedido, y del remedio posible. Las cartas al rey son cuatro: desde el Puerto, tres, y la última (de 20 de julio), desde Sevilla: «Ayer tarde subí por este río de Sevilla, reconociendo todos los navíos que hay en él» (p. 399).

ls. 39-42   *El buen ánimo del prínçipe nuestro señor*, etc. Había quien soñaba con vengar en tierra inglesa los hechos de Cádiz. Andrada afirma hiperbólicamente que el incalificable descalabro de Cádiz —«esta (h)errada», dice— era más, por lo malo, que lo que, por lo bueno, pudiera ser la toma de Londres.

ls. 43-47   El incendio comenzó el domingo 14 de julio (Abreu, 142-144), y continuó el lunes 15, día en que escribe Andrada su carta. Desde los puertos al otro lado de la bahía se veía el incendio, y aun llegaba hasta ellos el humo: «hoy estamos viendo quemar los templos y casas de aquella miserable ciudad, tan de cerca que nos da el humo en los ojos, con el sentimiento que Vuestra Majestad puede considerar, de no poder acudir al remedio de ello» carta de don Luis Fajardo, desde el Puerto de Santa María, 14 de julio).

ls. 45-46   *los generales*. Compárese líneas 30-32.

ls. 48-50   He dudado si habría en el texto un error, y en vez de leer *diole el conde*, habría que leer *diole al conde*: porque el regalo fue espléndido. Creo, sin embargo, que no hay tal error. Cierto que asombra la riqueza del presente. Pero conocemos algunos otros rasgos de generosidad de los generales ingleses con sus prisioneros españoles: «En Cádiz el general de los ingleses rescató con su dinero a un Juan Gómez de Portillo, cabo que había sido de una escuadra de urcas en la jornada de Inglaterra. Desto y de otras cosas que se podrían referir, se entiende que por este camino de clemencia y liberalidad con los enemigos también quiere hacer la guerra...» (de una carta al rey del conde de Priego, asistente de Sevilla, 9 de setiembre de 1596, CODOIN, 431). «Lo que refiere el general Juan Gómez de Medina, que viene de Cádiz ... De

Jerez, hoy viernes 12 de julio de 1596: Dice que el general conde
Dessex ordenó al capitán que le tenía preso que le diese libertad
en 200 escudos, los cuales pagó el dicho conde de su casa, man-
dándole que se contentase con este rescate, y que esta amistad
le hizo por haberle conocido en Inglaterra» (CODOIN, 329). También se refiere alguna liberalidad con los rehenes que se llevaron
a Inglaterra: «...a los cuales, según se ha sabido, trataban con
respeto y regalo, especialmente a don Payo Patiño, arcediano de
Cádiz, con quien el General tenía mucha amistad y familiaridad,
sentándolo a su mesa y haciéndole mucha honra y regalo, y entre
otras cosas le dio una ropa de martas de más de quinientos ducados» (Abreu, 155). Véase también más abajo (ls. 111-122).

ls. 51-54 *embarcó al punto toda su gente y la nuestra*, etc. Se
llevaba a los cincuenta y nueve rehenes (según Abreu), porque
no se habían pagado los 120.000 ducados del pactado rescate.
La noticia de las ciento cincuenta mujeres llevadas con el consen-
timiento de ellas no está en Abreu ni en CODOIN; pero sí, y
en términos parecidos, en alguna relación: «se los llevó [a los re-
henes] a Inglaterra, con más de 150 mugeres, de las quales la mayor parte se fueron con él de buena boya, mal contentas o de
sus maridos o amigos, o de la Religión y observancia de la ley
de Jesuxpo, con que se vían en la cristiandad; aunque me certifica-
ron de 2 monjas que con su voluntad llevó a su nao el día de
saco y hasta oy faltan, aunque no lo afirmo» (*Otra relación de
saqueo e incendio de Cádiz*, publicada por Pelayo Quintero, Cádiz
1911, p. 40). La declaración del canónigo Quesada, testigo pre-
sencial de los hechos, es tajante: «Ninguna mujer ha sido forzada
ni llevada a Inglaterra» (CODOIN, 370). Claro que eso no contradice el que alguna se fuera por su voluntad.

ls. 56-61 En las declaraciones de testigos de los hechos suele
afirmarse que no hubo violencia a mujeres, salvo las grandes mo-
lestias de un saco.

ls. 58-61 Coinciden los testimonios en contra de los flamencos, por su trato violento y desconsiderado a los gaditanos.

l. 62 Andrada escribe el día 15. El conde de Essex se había
embarcado ya el 14 (Abreu, 145). Pero, según el mismo Abreu
(148), la armada no se hizo a la vela hasta el 16. Sin embargo,
Andrada tenía razón: la armada comenzó a hacerse a la vela el
15 (que es lo que supieron Andrada y otros); pero, por mal viento, se quedó en la bahía. Así Gaspar de Anastro, en carta al rey

desde el Puerto de Santa María, fecha 16 de julio, dice: «Ayer comenzó a salir el armada inglesa, y no pudo por el tiempo; esta mañana le tuvo, y se hizo a la vela, sin dejar navío ni guarnición en Cádiz» (CODOIN, 374). Lo mismo en la carta al rey, del duque de Medinasidonia, desde Jerez, 16 de julio (*ibid.*, 375); a las seis de la mañana de ese día, había salido ya toda la armada inglesa (carta al Rey, de don Luis Fajardo, desde el Puerto de Santa María, 16 de julio; *ibid.* 382).

ls. 63-64 Fue imposible empeño, durante todo el tiempo de permanencia del inglés en Cádiz, querer adivinar sus propósitos ulteriores: ¿los puertos de la bahía?, ¿Portugal?, ¿Canarias?, ¿la Tercera?, ¿apoderarse de la flota que venía de Indias? Andrada recoge aquí las dos últimas conjeturas (que son frecuentes en las declaraciones de prisioneros, o de quienes habían estado por cualquier causa en contacto con los ingleses). Compárese por lo que respecta a las Azores, CODOIN, 242, 308, 324, 374, 376, etc.; y a la flota de Indias, *ibid.*, 259, 271, 289, 297, 308, 334, etc.

ls. 64-71 *y que de camino llegará aquí mañana a comer con nosotros*, etc. Andrada bromea: cree que la armada inglesa (puesta en movimiento, pero aún dentro de la bahía, véase la nota a la línea 62) atacará Sanlúcar el día siguiente; lo dice humorísticamente, llegará «a comer con nosotros», y, continuando la imagen, dice que le tienen «la mesa puesta en la campaña», es decir, las fuerzas preparadas para oponerse al posible desembarco inglés.

l. 67 *el gouernador don Rodrigo Ponçe.* Mencionado ya más arriba (línea 17). En Abreu, 71: «Envió ... el duque a Sanlúcar hasta trescientos hombres a cargo de D. Rodrigo Ponce de León». También el canónigo de Cádiz Dr. Francisco de Quesada, en su importante relación, al hablar de sus gestiones para la devolución a los ingleses de unos prisioneros que se les había cogido, y que estaban en las galeras de don Juan Portocarrero, dice: «Jueves once del dicho [julio] por la mañana, entraron las galeras en el puerto de Sanlúcar ... Don Rodrigo Ponce me dio embarcación para las galeras...» (CODOIN, 363); en carta de Medinasidonia al rey, 19 de julio: «...me avisa de Sanlúcar D. Rodrigo Ponce, que es el que tiene a su cargo lo de allí...» (*ibid.*, 394).

ls. 75-81 *Las galeras tenemos aquí*, etc. Véase la nota anterior. «Las galeras están en Sanlúcar» (carta al Rey, de Gaspar de Anastro, desde el Puerto de Santa María, 14 de julio).

ls. 82-85 *Y porque se animen los soldados a seruir*, etc. Entiéndase que «aquella plaça» es el Puerto de Santa María. A don Pedro de Sandoval, veinticuatro de Sevilla, había encomendado el duque la preparación del Puerto de Santa María («aquella plaça»: Andrada habla a quien sabía que la plaza mandada por Sandoval era el Puerto de Santa María; comp. Abreu, 70). El día 12 de julio llegó a Jerez, enviado por el rey, el capitán Rodrigo de Horozco (según carta del duque de Medinasidonia al rey desde Jerez, 12 de julio, CODOIN, 329). «...he encargado del gobierno de lo del Puerto al capitán Rodrigo de Horozco» (carta del mismo al mismo, Jerez, 14 de julio, ibid., 337). «En este lugar se hallan como 2.500 hombres, y con la llegada esta mañana del capitán Orozco se va mirando con más cuidado la defensa por si el enemigo probase a entrar antes de irse» (carta al rey, de Gaspar de Anastro, Puerto de Santa María, 14 de julio, ibid., 334). También Abreu, 141 señala la llegada de Horozco, «capitán viejo de Flandes», el día 12 de julio, su nombramiento como gobernador del Puerto de Santa María, y sus trabajos para mejorar las defensas y la disciplina de la gente.

Andrada, sevillano por su vida, y creemos que también por su nacimiento (aunque no tenemos documento que pruebe esto último), toma el partido de don Pedro de Sandoval, su paisano, a quien el duque «reformó» ('quitó el mando', 'destituyó') después de que había hecho inexpugnable la plaza. Obsérvese la antífrasis «porque se animen los saldos a seruir»; dura ironía contra el duque, que confirma la interpretación que hemos dado antes a la frase «Pero su Excelencia basta» (l. 35). Sandoval se fue en seguida del Puerto a Jerez.

ls. 86-94 *El capitán Pablos de Arambul y Miguel de Alçato*, etc. Evidentemente dos apellidos vascos (frecuentemente mal interpretados por los copistas); pienso que habría que leer «Aramburu» y «Alçate». Hay referencias a un proyecto para quemar la armada inglesa, ideado por Bernardino de Noli (CODOIN, 293) y a los motivos por que no se aceptó (*ibid.*, 402-403), aunque es cierto que por parte española se había deseado buscar forma de quemar los navíos enemigos, o parte de ellos (*ibid.*, 312). El mismo proyecto de incendio, que Medinasidonia no se atrevió a llevar a cabo, se menciona en el pliego de cargos contra el duque, que fue publicado por Rodríguez Marín (*Un documento más para la historia del saqueo de Cádiz en 1596*, en *Revista de Historia y de Genealogía Española*, I, núm. 2, 15 de marzo de 1912, p. 53): «...debiendo y pudiendo hazer todo el daño que fuese pusible al enemigo ... no lo hizo ni procuró, antes ofreçiéndose el almirante don Sebastían de Aranzibia y Bernardino Noli a quemar la armada enemiga ... no lo quiso hazer ni dar licençia para ello...». No sabemos si este proyecto de los dos vascos mencionados en la carta de Andrada tenía relación con el de Noli, o era otro distinto. Lo cierto es que fracasó, y Andrada lo cuenta con gracejo.

ls. 96-98 *nuestros güéspedes.* Continúa humorísticamente el sentido de las líneas 64-66.

ls. 99-105 La gente de mar les predecía grandes males, por la aparición de este cometa. Andrada no parece muy creyente en tal superstición.

ls. 109-111 *A Xerez se passaron seis Ingleses que passaron por la puente,* etc. Eran irlandeses. Carta de Medinasidonia al rey, de Jerez, 14 de julio: «esta noche se vinieron seis gentiles hombres irlandeses católicos, por el puente de Suazo ... ellos quisieran pasar luego a Vuestra Majestad, y los he hecho poner en Córdoba a cargo del corregidor de allí hasta tanto que Vuestra Majestad mande lo que se ha de hacer dellos» (CODOIN, 336; las declaraciones de estos irlandeses, *ibid.*, 338-344).

ls. 111-124 Alaba los hechos de don Cristóbal de la Cueva, en Cádiz, Abreu, 61, 98, 99; refiere cómo don Cristobal escondió el estandarte de Jerez, que como alférez llevaba, logrando así que no cayera en manos de los enemigos; cuenta (116) brevemente, pero coincidiendo en lo esencial con Andrada, cómo fue libertado don Cristóbal. Conservo «Alfrés» porque la forma «Alfrez» (con -*z*) aparece en el manuscrito *S* del *Libro de Buen Amor*, 1078c, según la edición de J. Corominas, Madrid, 1967, p. 427.

l. 119 *Su Excelencia sí salió.* Quizá sería mejor leer «Su Excelencia se la dio», es decir, le dio la carta que pedía.

ls. 125-127 Este aparecer de cinco grandes naos hace pensar a Andrada que el temido ataque a Sanlúcar va a producirse, y añade: «Por momentos esperamos las demás».

l. 127 *el arcabuz.* Según esto, Andrada debía de servir a pie, probablemente en una bandera, aunque no sabemos con qué graduación. Recuérdese el título, que conocemos por época posterior, de «capitán». Más arriba, las líneas 21-23 prueban que, en la defensa de Sanlúcar, Andrada gozaba de una posición y una consideración muy especiales.

APARATO CRÍTICO

Con la abreviatura mss. *señalamos que la lectura crítica es la de todos los manuscritos salvo los que transmiten las variantes que se indican. Las letras griegas designan las familias y subgrupos de manuscritos que se indican a continuación:*

α *M3, M4, P, M2, Ch y B*
β *G, T, M1, M5, H, C1 y C2*
γ *C1 y C2*
δ *M2, Ch y B*

2 ambicioso muere *mss.* apetito muere *P* [Esta variante de *P* es más sutil: 'el apetito del cortesano muere, sin haber sido nunca satisfecho, cuando el cortesano mismo muere en la prisión de por vida, que le han labrado sus propias esperanzas'. Pero, por otro lado, «el apetito muere» resulta anfibológico: de primera intención, lo que el lector entendería era 'que el apetito se extinguía o cesaba en esas prisiones', cosa muy distinta del sentido que suponemos original.

3 donde *mss.* adonde *S* [Sedano imprimió «astuto» (en vez de «activo», que es lo que dicen todos los manuscritos que hoy conocemos). Es probable que el manuscrito que usara dijera «activo» (quizá con la grafía «actibo», como leen los mss. *M1, M5, C1*). Cualquiera de los accidentes conocidos, mala letra, o borrosa, o agujero de polilla, pudo ser la causa de la lectura errónea, que se encuentra repetida una y otra vez en muchas impresiones del siglo XIX y hasta en Menéndez Pelayo [1908]. Sin embargo, «activo» está ya en Estala [1797] así como en Castro [1875], que copia el ms. *S*, y en Campillo [1885:II, 334]. Obsérvese que *activo* va perfectamente con el sentido del terceto, que corresponde a una realidad de la vida española del siglo XVII, bien conocida por

las muchas veces que se la describe en la literatura de entonces.

4 [Sedano imprimió «Y el que» en lugar de «El que». Esta versión, sin base en los manuscritos antiguos, se transmitió por el tomo III de la colección de Estala y tiene descendencia en el siglo XIX (Quintana, 1807; Campillo, 1885; etc.). Sin embargo ya la versión sin «Y» se había impreso en Estala [1797] y había sido confirmada por Castro [1875].

5 ha merecido *mss.* ha pretendido *M1* [«ha pretendido» es un error.

6 ni subir *mss.* ni llegar *S* [Castro (1875:45-46) defiende la lectura de *S* contra la general. Dice: *«llegar a un honor es* porque se ha subido en dignidad o categoría». No tiene en absoluto razón: *honor* vale ahí lo mismo que 'empleo', 'puesto', 'cargo' o 'dignidad', sentido tan del lenguaje común, que está aún en el diccionario académico, en la edición de 1970, acepción 5.

8 elija β *S* procura α
9 primero estar β *S* antes estar α que caído *mss.* que quejoso *C2* [La lectura de *C2* es un error.
10 corazón entero *mss.* corazón altivo γ
13 Más triunfos, más coronas β *S* Más coronas, más triunfos α al prudente *mss.* el prudente γ [La lectura de γ es un error.

14 retirarse la *mss.*   retirarse a la *Ch M2*   [«retirarse a la» es un error.

16 e importuna *mss.*   y importuna *Ch M4*   [Sedano, seguido por Estala, III, imprimió «prolixa e importuna», variante sin base ninguna en los manuscritos antiguos. En Estala [1797], ya se encuentra «terrible e importuna».

17 nos espera *mss.*   no se espera *M2* [La lectura de *M2* es un error, y parece tachada la «e» de «se».

20 corriente del gran *mss.*   corriente o al *S*
airado *mss.*   airada *P*   [«airada» es un error.

21 su ribera β   la ribera α   su carrera *S*

23 quien le alcanza *mss.*   quien lo alcanza *M1 M4*

25 Peculio propio es ya *mss.*   Peculio es propio ya δ *P M1* [Aunque es variante que considero meramente ortográfica (latinismo), doy aquí, por una vez, nota de los manuscritos que grafían «proprio»: *T, M1, C1, M3, Ch, M2*. Variaciones de este tipo no van registradas en las variantes de esta edición.

26 fue, cuanto regía *mss.*   fue, cuando regía δ *M1*

27 [Sedano corrigió de forma lamentable los versos 26–27 («cuanto de Austria fue, cuando regía / con su temida espada y fuerte lanza»), quizá basado parcialmente en algún manuscrito que tuviera la anterior variante de δ *M1*.

29 precede, y pasa al bueno *mss.* procede, y pasa al bueno δ *C1* procede y para el bueno *M1*   [La lectura de *M1* es un error. Los manuscritos *G, M5, H* y *S* marcan también esa coma.

30 espera la virtud o qué *mss.*   espera en la virtud o qué γ   espera en la virtud o en qué *TSP*   [La variante de γ es un error. Los mss. *T, S, P*, con su variante, restablecen el uso general castellano del verbo «confiar» como instransitivo.

31 Ven y *mss.*   Vente y α   Beni y *C2*   [La variante de *C2* es un error.

32 de la antigua Romúlea *mss.*   de la antigua Romulia *M1*   desta antigua Romulia *S*   [La lectura de *S* está mal transcrita en Castro.

35 nuestro cuerpo *mss.*   nuestros cuerpos *P*

36 Blanda *mss.*   Blando *Ch*   [En la página 212 del ms. *M3* hay una larga nota sobre los antecedentes del «¡Blanda le sea!». «Blando» es un error.

37 donde *mss.*   adonde *C2* [«adonde» es un error.

38 cuando en ella te falte *mss.* cuando te falte en ella *M5 H* γ   en ella nos falte *T*   en las manos falte *M1*

39 nos niegue *mss.*   te niegue *S*

40 caro *mss.*   claro *M1 S*

41 del Egeo *mss.*   del Letheo *C1 S* del Lejeo *C2*   [La variante de *C1* y *S*, errónea, aunque no disparatada, originó probablemente el error del copista de *C2* (véase abajo el v. 54). La lectura del ms. *S* en este verso y en el anterior fue defendida absurdamente por Castro (1875:47).
oscura *mss.*   oscura *T M1*   [«escura» pertenece al tipo de variantes que no recogemos, salvo que pueda tener un especial valor.

42 eminente faro *mss.*   imminente faro *M4*   [«imminente» es lectura errónea.

44 dirás: Lo que desprecio *mss.* dirás: Cuanto desprecio *S*

46 Más quiere el ruiseñor su pobre nido *mss.*   Más quiere el ruiseñor su patrio nido δ   Más precia el ruiseñor su pobre nido *M5 S*   Más precia el ruiseñor su propio nido γ   [De acuerdo con el criterio que seguimos, no recogemos variantes del tipo «ruiseñol», que se encuentra en algún manuscrito (*G, H*).

48 El bosque repuesto β *S*   el monte repuesto α.

49 agradar lisonjero las *mss.*   adular lisonjero las *S* agradar lisonjero a las *M1* [Menéndez Pelayo imprimió «halagar», en vez de «agradar»: esta variante no tiene la menor base en los manuscritos antiguos. En cuanto a «alegrar», que figura en Tomé (1924:102), parece mera errata.

50 príncipe insigne *mss.* príncipe raro *S*

52 Triste de aquel *mss.* Mísero aquel *γH*

54 augur *mss.* Argos *C1* Agul *C2* [Posiblemente la lectura de *C1* se originó al intentar subsanar el error de *C2* (véase arriba, v. 41). En este mismo lugar, el ms. *H* deja un espacio en blanco.

55 el ansia *mss.* la ansia *γ*

56 que acepta el *mss.* que aceta el *M5 H M4* si aceta el *T* que aceda el *M1* [Todas las anteriores variantes de «acepta» son del tipo que, por norma, no tenemos en cuenta, pero sí en este caso: véase que la grafía «aceta» (por «acepta») trae como consecuencia la interpretación «aceda» que figura en *M1*, y con la que se origina un sentido distinto.

intento *mss.* concebto *Ch* [«concepto» es un error.

57 quien haces *mss.* quien hace *M4*

59 le pasarás *mss.* lo pasarás *M1 P* la pasarás *S*

60 ni quizá de *mss.* y quizá de *M1* ni aun quizás de *δ* ni aun quizá de *M3 S* ni quizás de *G*

61 Casi no tienes ni *mss.* Casi no tienes una *T* Apenas tienes ni *α* [La diferencia entre «Apenas»(*α*) y «Casi» (*β*) quizá se deba a que en el v. 61 existe «apena(s)».

62 nuestra grande Itálica, ¿y esperas? *mss.* nuestra gran Itálica, ¿y esperas? *γ* nuestra grande Itálica, ¿que esperas? *T* nuestra antigua Itálica, ¿y esperas? *M5 M4 P M3* nuestra antigua Italia, ¿y esperas? *δ*

63 error perpetuo de la suerte humana *mss.* error perpetuo de la vida humana *M3* error caduco de la vida humana *S*

64 Las enseñas grecianas *mss.* Las insignias grecianas *δ γ* Las insignias y grecianas *P* Las entenas grecianas *M1* La enseñas gracianas *M4* [Las lecturas de *P*, *M1*, *M4* son errores.

65 del senado y romana *mss.* los triunfos y romana *γ*

66 murieron, y pasaron sus carreras *mss.* murieron, y pasaron su carrera *M4* murieron acabando sus carreras *T* [La variante de *M4* es un error.

68 apenas sale *mss.* apenas sale *Ch H M5* apenas nace *S* [Los vv. 68-70 faltan en *M1*.

70 ¿Qué más que el heno *mss.* ¿Qué es más que el leño *T*

71 seco a la tarde? ¡Oh ciego desvarío! *mss.* sero a la tarde o sero desvarío *M1*

72 ¿Será que de este sueño se recuerde? *mss.* ¿Será que de este sueño no recuerde? *γ* ¿Será bien que del sueño se recuerde? *δ* ¿Será quien de este sueño se recuerde *T*

73 pueda ver que me desvío *mss.* pudo ver que me desvío *M1* pueda ser que me desvío *δ S* pueda ver que me desvíe *P* [*M1* y *P* leen con error.

74 viviendo, y que está unida *mss.* viviendo, o que está unida *P* viviendo, y que esté unida *C1 S M2 M4 B* que est unida *Ch* [La variante de *C1*, *S*, *M2*, *M4*, *B* es un error.

75 al simple vivir *mss.* al siempre vivir *M1* [«siempre» es un error.

76 ríos que *mss.* ríos en *T1*

78 de mi vida *mss.* de la vida *γ S*

80 en la que *mss.* en lo que *G P γ*

81 sin alguna *mss.* sino alguna *S M2 M4 P M3 M1 B* [En *M1* la «o» de «sino» aparece tachada por mano antigua.

83 de aprender *mss.* deprender *P* [La lectura de *P* es errónea.

85 que aquesta mies inútil *mss.*

que questa mies inútil *C2* aquesta tan inútil δ [Las lecturas de *C2* y δ son erróneas. En este verso acaba la copia del manuscrito *H*, omitiéndose también su última palabra.

86 muerte dura mano *mss.* muerte cruda mano *S*

87 se la *mss.* se le *S* [La variante de *S* es un error.

89 otoño pasó con *mss.* otoño llegó con *S*

90 pasó *mss.* pasa δ invierno *mss.* (h)invierno *G M5 Ch M2 M3* [«(h)invierno» pertenece al tipo de variantes que no recogemos, que señalamos, por una vez, aquí.

91 las hojas que en las altas *mss.* y las hojas que en altas *M1*

92 cayeron, ¡y nosotros a porfía! *mss.* cayeron y a porfía *S* [Obsérvese que el verso de *S* está incompleto.

93 vivimos! *mss.* vivimos? *M1 M5*.

94 envía *mss.* invía *G M2*.

95 espigas *mss.* epigas *T* esperas *M2* [Las lecturas de *T* y *M2* son erróneas.

96 temprana pluvia y *mss.* pluvia temprana y δ [En todos los mss. se lee «pluvia», menos en *M1, M4, M3*: «lluvia».

97 imitemos la *mss.* imitemos a la *M4* [La variante de *M4* es un error: la preposición «a» está entre líneas, pero escrita de la misma mano. la tierra *mss.* la tierr *P* [La variante de *P* es un error.

99 ni la *mss.* ni a la γ *P* [La variante de *P* es un error.

101 el varón para el rayo *mss.* el hombre para rayo

102 para sulcar el piélago salado *mss.* para el sulcar el piélago salado *T* para surcar el piélago salado *S M2 P* para sacar el piélago salado *Ch* para sulcar el piélago sagrado γ [Las lecturas de los mss. *Ch*, γ, son erróneas. La transcripción de *S* está mal en Castro.

103 el orbe de *mss.* el centro de *M4* [La variante de *M4* es errónea.

104 y el cerco por do el *mss.* o el cerco por do el *S M4 P M3* y el cerco donde el *M5 C1* y el cebo donde el *C2* [Hay un error en la variante de *C2*.

105 ¡Oh, quien así lo entiende, cuánto *mss.* ¡Oh, quien así lo piensa, cuánto δ *S M4 P M3* A quien así lo entiende... *C2* [*C2* transmite un error.

108 nobles objetos *mss.* nobles sujetos *M1* [La variante de *M1* es errónea.

109 Así aquella que a solo el hombre es dada *mss.* Y así aquella que a solo el hombre es dada *S* Así aquella que al hombre solo es dada *M1 M5 M3 B* [El texto que adopto está avalado por siete manuscritos frente a los seis restantes. Obsérvese que es una de las pocas ocasiones en que están entremezclados los representantes de α y β.

111 de esplendor y de rayos *mss.* de esplandor y de rayos *T* de esplendores y rayos *Ch* de esplendor y rayos *M2* de resplandor y rayos *P* de esplendor y de luces *S* [Las lecturas de *T* y *M2* son errores.

112 la fría región, dura y *mss.* la dura región fría y γ

113 de aqueste pecho enciende *mss.* de mi albedrío enciende *P* [La expresión de *P* es más exacta: es la «sacra razón y pura» (v. 110) la que despierta al hombre y la que enciende una nueva llama en su voluntad (*Albedrío*: 'voluntad regulada con razón o con propio apetito', define Covarrubias). La variante divulgada («de aqueste pecho») es tópica y mucho más insulsa. En cambio, junto a la serie de precisiones materiales que hay en el pasaje («región», «llama», etc.) podría pensarse que «pecho» correspondía mejor que «albedrío».

116 y callado pasar *mss.* y callando pasar δ [En *C1* faltan los vv. 115-120.

117 no afecto los nombres ni la *mss.* no imito los hombres ni la *S*   no afecto a los nombres ni a la *C2*

118 del Oriente *mss.*   de Oriente *M5*

119 maciza *mss.*   matiza δ   macizas *M4*   [La coma tras «codos» existe también en *S* (mal en Castro) y en *M5*. Las variantes no son sino errores.

120 del cándido β *S*   de cándido α   [En *C1* faltan los vv. 115-120.

puro y luciente *mss.*   pura y baciente *C2*   [*C2* copia un error.

121 apenas puede ya comprar *mss.* apenas halla ya a comprar *S*

122 del pecar *mss.*   de pecar *M4 M3B*

123 consigo misma ruega *mss.* consigo mesma ruega *G M5 S*   consigo mismo ruega *Ch*   consigo mismo niega *M2*   consigo mismo ayuda γ   [«niega» es un error.

124 ¡Mísero aquel que corre y *mss.* ¡Pobre de aquel que corre y *M5* ¡Triste de aquel que corre y γ   ¡Triste de aquel que no corre y *M4*   ¡Triste de aquel que vive y *S*   [*M4* transmite un error. Sigo la lectura «¡Mísero aquel!», que es la de todos los manuscritos menos cuatro.

125 cuantos *mss.*   cuanto *M2*γ los climas y los mares *mss.*   las climas y los mares *C2*   los climas y las mares *Ch*

126 perseguidor *mss.*   perseguidos *S*   [«perseguidos» es un error.

128 sueño breve *mss.*   sueño leve γ*P*   [La variante de γ *P* es errónea.

131 parco *mss.*   parvo *M4*   [Menéndez Pelayo (1908) imprimió «simple» en vez de «parco»; «simple» no tiene justificación alguna, pues no figura en ninguno de los manuscritos antiguos, y fue disparate de Sedano, repetido en el tomo III de Estala, pero corregido en «parco» ya en el tomo XVIII de la misma colección.

132 y algún manjar común *mss.* de algún manjar común γ   y algún

común manjar *S*   [γ transmite un error.

honesto y leve *mss.*   honesto y breve *Ch*   [La lectura de *Ch* es errónea.

133 No, porque así te escribo *mss.* Ni porque así te escribo *M3*   No porque si le escribo *M4*   [La lectura de *M4* es un error.

conceto *mss.*   concepto γ δ *G S M4 P*

135 Epitecto *mss.*   Epiteto *T M5 M4 M3*   [La lectura «Epicteto» es decisión nuestra.

136 al que empieza aborrecer el *mss.* el que empieza, aborrecer el *C2*   el que empieza a aborrecer el *S*   el que empiece a aborrescer el *C1*   el que empieza aborrecer el *T*   al que empieza a aborrecer al *P*   [Las lecturas de *S* y *C1* son errores.

137 y el ánimo enseñar *mss.*   y el ánimo enseñar *S Ch*   y el ánimo inclinar *M4*

140 de sólida virtud, que aun el *mss.* de sola la virtud, que aun el *P*   de sólida virtud, pues el γ   [Esta lectura de *P* es sumamente clara: 'el desprecio del placer no es peculiar de la virtud, porque aun el vicioso le tiene por carga molesta'. En cambio, la repetición «la-la», en la expresión «de sola la virtud» pudo resultar desagradable. La lectura de los demás manuscritos («de sólida virtud») viene a dar aproximadamente el mismo sentido, asegurado por todo el giro de la frase, pero «sólida virtud» es un bloque insípido; en «de sola la virtud» el pensamiento es más intenso y penetrante.

141 en sí propio le nota de molesto *mss.*   en si propio se nota de molesto *M1*   en sí mismo le nota y le es molesto *S*   en sí propio le nota de modesto δ   [«se nota» es un error.

142 no podrás negarme cuán forzoso *mss.*   no podrás negarme que forzoso *M1*   no puedes negarme que es forzoso δ

143 este camino sea al alto *mss.*

este ánimo sea al alto *S*   este camino para el alto δ   [«ánimo» es un error.

144 morada *mss.*   morador *S* [«morador» es un error.

147 la duración de todo *mss.*   la duración del todo *S*   la adulación de todo *P*   [Las lecturas de *P* y *S* son erróneas.

148 vimos primero hermosa β *S* vimos ayer hermosa.

150 y perfecta después β *S*   y sabrosa después α

151 humana prudencia es β *S*   humana natura es α

152 y comparta y dispense las *mss.* y comparta y dispierte las *S*   que comparta y dispense las *M1*   y dispense y comparta las γ *M5*   y compase y dispense α   [Como vemos, el grupo α da una lectura única. Hay que tener en cuenta dos aspectos: los verbos mismos y su orden. Los seis manuscritos del grupo β coinciden en los verbos, pero *M5* y γ los colocan invertidos con relación al orden de los demás del grupo. De los dos verbos, en doce de los trece manuscritos figura «dispense». En cuanto a «comparta», además de estar en todo el grupo β y en *S*, parece corresponder más exactamente al sentido del pasaje. La primera acepción de *compartir* en el *Diccionario* académico es 'repartir, dividir, distribuir las cosas en partes'; o véase la definición de Covarrubias: «*Compartir*. Dividir, ordenar y distribuir las cosas proporcionalmente. *Compartido*, lo que está bien distribuido y ordenado». Si se elige «comparta», las tres acciones («mida», «comparta», «dispense») son como tres escalones de un mismo quehacer. Si se elige «compase», parece que este verbo duplica el sentido de «mida», y no hay razón decisiva para rechazar «compase».

154 No quiera Dios que siga los varones *mss.*   No imitemos aora los barones γ   No quiera Dios que imite

estos varones *M5*   No quiera Dios que imite los varones *S* No quiera Dios que siga los veranos *Ch*   [«siga los veranos» es un error.

155 que moran *mss.*   que habitan *Ch*

156 virtud *mss.*   vertud *M4*

157 esos inmundos trágicos y atentos *mss.*   encaminando siempre sus yntentos γ   estos inmundos trágicos y atentos *M4 P M3*   estos inmundos trágicos, atentos δ *S M5*

159 infaustos y oscuros monumentos *mss.*   oscuros y infaustos monumentos *M2 B M4*   oscuros e infaustos monumentos *P M3*   oscuros infaustos monumentos *Ch*   oscuros infaustos mobimientos γ   [La lectura de γ es errónea.

160 ¡Cuán callada que pasa las montañas *mss.*   ¡Cuán callando que pasa las montañas *M1*   ¡Qué callada que pasa a las montañas γ *S*   [Castro (1875:48) dice: «Mucho más place leer *¡Qué callada!* que no *¡Cuán callada!*». No creo que den ventaja alguna un «qué» delante y otro «que» detrás de «callada».

162 ¡Qué gárrula y sonante *mss.*   ¡Qué garbosa y sonante *C1*   ¡Qué gárrula y sonora α

163 ¡Qué muda la *mss.*   ¡Qué airosa la *Ch*   ¡Qué mudada *C2*   [La lectura de *C2* es un error.

164 redundante *mss.*   retumbante *C1*

166 Quiero imitar al pueblo *mss.* Quiero al pueblo seguir γ

167 los mejores *mss.*   los menores *P*   [El error de *P* puede quizá haber procedido de que el copista de este manuscrito vio en los vv. 154-165 alusión a los frailes, y habría creído que se exceptuaba a los *menores*, es decir, a los 'franciscanos'.

168 roto y mal ceñido *mss.*   roto y deslucido *S*   roto o mal ceñido *T*

169 los colores *mss.*   las colores *C2 M4 M3* δ

171 dóricos cantores *mss.*   dóricos

cantores *Ch* lóricos cantores *C2* [La
lectura de *Ch* es única; podría hacer
sentido porque es conocida la gran sencillez de los trajes de los primitivos lacedemonios y la poca diferencia entre
sus clases sociales (Tucídides, I, VI, 4).

173 un estilo común y moderado
mss. un vestido común y moderado *M1* un estado común y moderado *S* un vestido común y no dorado *P* [La variante de *M1* es errónea.
Las variantes disímiles de *M1*, *S* y *P*
parecen todas nacidas de errores de copia: «vestido» por recuerdo de los tercetos anteriores; «estado» por mala lectura de «estilo» (voz ésta que se
acomoda mejor a la fuente «modus»);
«no dorado» por mala lectura de «moderado».

174 que no le note nadie que le vea
mss. que no le note nadie que lo
vea *M4* que no lo note nadie que
le vea *M1*

175 más *mss.* mal *C2* [«mal» es
un error.

176 bevió *mss.* bibió *Ch M4*

177 vaso múrrino *mss.* vaso mírrino *G S* vaso myrrino *T* barro
murreno *C2* barro murido *Ch P M3*
B barro mirrido *M4* [*M2* deja un
espacio en blanco entre «barro» y «preciado».

179 fuera *mss.* fuese *M3*

180 transparente y luminoso *mss.*
transparente luminoso *S*

181 [Siete manuscritos pertenecientes unos al grupo α y otros al β escriben «perfecta», y cinco, también de ambos grupos, «perfeta». Hemos impreso
esta segunda forma, que es lo que exige la rima.

182 alguna cosa? ¡Oh muerte! β *S*
M3 cosa? ¡Oh muerte! *M4* cosa?
¡Oh dura muerte! δ *P* [La lectura
de *M3*, que se enfrenta a su familia (α),
puede explicarse como resultado de una
corrección: el copista comenzó el verso por una palabra de cuatro letras que
terminaba por «-osa», indudablemente

«cosa», pero tachó esa voz y escribió
a continuación «alguna», etc., es decir, la versión β. El copista, que manejaba un texto de α de la *Epístola*,
empezó escribiendo el verso según α,
pero, en seguida, tachó lo escrito para
copiarlo según β.

183 sueles *mss.* suele *M1* [«suele» es un error. *G* carece de este verso, dejado en blanco.

saeta *mss.* sayeta *M4*

186 de doblados *mss.* de dorados
S deblados *M4* [Las lecciones de
S y *M4* son erróneas.

187 Así, Fabio, me muestra *mss.*
Ansí, Fabio, me enseña *M3* Así, Fabio, me enseña δ *M4 P* Assí me
muestra, Fabio γ

188 esencia la verdad *mss.* eçens-
sia la verdad *S* çiença la virtud γ
esencia la virtud *M1 M5 M3*

189 con ella se compone *mss.* en
ella se compone *M1* se compone con
ella γ

190 burles *mss.* espantes γ

191 ni al arte de decir *mss.* ni a
la arte del decir γ ni al arte del decir δ

194 que el vicio la virtud, o menos
mss. que el vino la virtud, o menos *M1* que el vicio la virtud; es
menos γ *M5* [«vino» es un error. La
lectura «o más fuerte», que da Castro
para *S*, es errónea, pues el manuscrito
de la Colombina coincide con nuestro
texto.

195 flaca y temerosa *mss.* flaca o
temerosa *S*

196 suerte *mss.* muerte *S*
codicia *mss.* cudicia *M5 S M4*

198 se ríe de la muerte *mss.* se
burla de la muerte *M3* se ríe de la
suerte *S* [Castro (1875:50) defiende
la lectura que el ms. *S* da al terceto
que termina con este verso, y dice: «parece mejor la lección ésta: el poeta nos
habla de que la codicia se arroja ¿a qué?
a un peligro: el de la muerte en el mar;
la ira ¿a qué? a otro peligro: al de la

muerte en la espada, en tanto que la ambición se burla de la suerte o de la fortuna, porque se cree más poderoso que ella», y pasa a citar los riesgos de morir el navegante, encarecidos por poetas, y que la ambición lo atribuye todo a la valía, despreciando la suerte.

200 las opuestas acciones *mss.* las contrarias acciones *S* las acciones opuestas δ

201 de más ilustres genios ayudadas *mss.* de más nobles objetos ayudadas δ *P M3* de más ilustres genios adornadas *T* [El desconocimiento de la función tradicional de los genios en las acciones humanas llevó a Blanco a preferir la otra lectura, «de más nobles objetos ayudadas», que es la del grupo α (menos el ms. *M4*), lectura que sin más se demuestra errónea, si consideramos que no es propia locución decir que las acciones estén «ayudadas» por los «objetos» de las mismas (ni se puede entender, salvo dando rodeos), mientras que es exactísimo modo de hablar decir que las acciones están «ayudadas» por sus «genios» tutelares.

202 huyo *mss.* bivo γ

203 simple amé: rompí *mss.* siempre amé: rompí *ST* simple amé: rompo *M1* [Señalan pausa detrás de «amé» *G*, *M5*, *C1* (los tres coma), *S* (punto y coma), *T* y *M3* (ambos,

dos puntos). La lectura «siempre», del ms. *S*, fue defendida por Castro (1875:51): «más expresiva y digna es aquí la voz *siempre* que no *simple*, para significar que el autor abandona las ambiciones y esperanzas que lo han dominado toda su vida, y es también más correcta para no incurrir en una repetición inelegante. Ya antes ha dicho *e simple vivir mío*». Calla Castro que tal cosa ocurre ciento veintiocho líneas antes.

204 Ven y sabrás al grande fin *mss.* Ven y verás al alto fin *M5* Ven y sabrás al alto fin γ Ven y verás al grande fin *S* [Solo doce mss. son nuestra base para este verso, que falta en *M2* (recuérdese que *H* sólo llega al verso 85). Diez mss. coinciden en «sabrás»; sólo dos en «verás»; nueve coinciden en «grande»; sólo tres en «alto». Los textos que contienen «sabrás al grande» son ocho; los cuatro restantes se dividen entre «sabrás al alto» (en dos mss.), «verás al alto» (un ms.) y «verás al grande» (un ms.). Hay que tener, además, en cuenta que la lección de este verso desordena totalmente los habituales grupos α y β. Acepto la lectura de «sabrás al grande» porque es la de una gran mayoría de manuscritos. Es posible que muchos lectores (y entre ellos quizá yo mismo) prefieran «alto» en vez de «grande».

NOTAS COMPLEMENTARIAS

3 Menéndez Pelayo (véase Artigas, 1925:270-274) señaló como fuente unos versos de Ariosto, *Sat.* IV. En realidad, pertenecen a la *Sat.* III, vv. 28-31: «so ben che dal parer dei più mi tolgo / che 'l stare in corte stimano grandezza, / io pel contrario a servitù rivolgo. / Stiaci volentier dunque chi l'apprezza». El fragmento de Ariosto no contiene ninguna troquelación idiomática semejante a estos versos de la *Epístola*. Compárese la *Ode* XXX de Medrano o la carta en tercetos de Bartolomé L. de Argensola a don Francisco de Eraso (escrita, según Blecua, hacia 1603-1604. Véase Argensola, *Rimas*, 560). Es muy difícil en temas tan universalmente tratados señalar los influjos directos. Más adelante mostramos algún parecido algo más especial con pasajes de la mencionada *Sat.* III de Ariosto y con la *Ode* XXX de Medrano, pero son siempre indicios muy débiles. Las fuentes señaladas en estas notas como aducidas por Menéndez Pelayo, proceden del artículo de Artigas [1925].

5 Medrano, *Ode* XVIII, vv. 64-66: «si bien somos varones, / de la torpe avaricia / las letras no se aprendan»; *Son.* XXIV, v. 12: «sufre y osa varón, corazón mío»; *Ode* XXXIII, vv. 52-54: «¿Y Julio tuvo en precio / de un breve cetro la ambición medrosa? / ¿Y era varón?». Obsérvese en este último ejemplo la contraposición entre 'ambición' y 'ánimo varonil'; es la misma de la *Epístola* (vv. 2 y 5, respectivamente). Se trata del varón estoico; los antecedentes son muchos.

6 E. Tomé [1924] señala un pasaje de Horacio «que recuerda bastante» —dice Tomé— estos dos primeros tercetos: «...qui cupiet, metuet quoque, porro / qui metuens vivet, liber mihi non erit unquam. / Perdidit arma, locum virtutis deseruit, qui / semper in augenda festinat et obruitur re», *Epist.*, I, XVI, 65-68. En realidad, si se agrega a los dos primeros tercetos, únicos comparados por Tomé, el siguiente terceto, sí que hay algún parecido conceptual, sin que se pueda considerar «fuente» porque nada en la expresión lo justifica; es una comparación muchas veces repetida: el hombre como prisionero o esclavo de sus pasiones. Véase la nota siguiente.

9 Séneca, *Epist.* XXII, 3: «Sed idem illud existimo, leni eundum via, ut quod male implicuisti, solvas potius quam abrumpas, dummodo si alia solvendi ratio non erit, vel abrumpas. Nemo tam timidus est, ut malit semper pendere quam semel cadere». Séneca se dirige a persona metida en negocios y Andrada a un pretendiente. Menosprecia Andrada el modo de obrar del ánimo *temeroso*, que cree mejor «estar suspenso que caído»; y Séneca niega que nadie, razonablemente, pueda ser tan *tímido* que lo prefiera («Nemo tam *timidus* est, ut malit semper *pendere* quam semel *cadere*»). La proximidad en un mismo texto de uno y de otro escritor, de estas coincidencias de significante, junto a la identidad fundamental del significado, nos obliga a considerar el pasaje de Séneca fuente directa del de Andrada. En otras ocasiones expresa Séneca imágenes muy parecidas. *Epist.* XIX, 6: «In eam demissus es vitam, quae numquam tibi terminum miseriarum ac servitutis ipsa factura sit. Subduc cervicem iugo tritam: semel illam incidi quam sem per premi satius est». Compárese también el soneto XLV de Medrano, donde hay pensamientos bastante próximos, especialmente en los versos 6-7: «¿Aguardaré? La muerte antes que el tedio / de una esperanza». El pasaje de la epístola XXII, de Séneca, que menciono en esta nota, había sido ya citado como fuente por Clifton C. Cherpack [1953:157-159].

12 Medrano, *Ode* XXX, vv. 21-26: «A la mentira siga / del privado soberbio / ... / dóblele agradecido / una y otra rodilla. También en Ariosto, *Sat.* III, vv. 20-22: «la pazzia non avrei... / ... d'ir procacciando a cui / scoprirmi il capo e piegar le ginocchie». Compárese más arriba, nota 3.

Guillermo Díaz-Plaja [1937:213] ha comparado este pasaje (vv. 1-12) inicial con Séneca, *De tranquillitate animi*, X y XVI. Según E. Tomé [1924:94], Cañete opinaba que «estos versos (7-12) pueden considerarse una magnífica glosa de una máxima de Séneca, *calamitas virtutis* o[c]*cas(s)io est*». Esa máxima (que está en *De providentia*, IV, 6) no la compara Cañete con estos dos tercetos, como afirma Tomé, sino que, hablando de Rioja, opinaba que éste «toma por asunto primordial de sus composiciones, glosar esta máxima de su predilecto Séneca». Cañete se refería, pues, a todas las composiciones de Rioja (entre las cuales incluía, claro está, la *Epístola*). La afirmación de Cañete, enunciada como lo hace Tomé, era inexacta. Los pasajes de Séneca que citamos poco antes en estas notas, tienen relación mucho más próxima; aunque, dada la cohesión del pensamiento senequista, la mencionada máxima pueda también compararse con la primera parte de la *Epístola*, en especial los versos 1-30.

Hermosilla [1826:II, 95-96], hablando de las imágenes, alaba el terceto correspondiente a los versos 10-12 en los siguientes términos: «... Los verbos metafísicos convendrá evitarlos en verso cuanto se pueda, y expresar las operaciones interiores del ánimo, con palabras que representen acciones exteriores y visibles. Así, aunque en prosa se diga muy bien "el varón justo quiere más *sufrir* los infortunios que *adular* a los poderosos", un poeta hará visibles, por decirlo así, las acciones invisibles de *sufrir* y *adular* diciendo ...: "el corazón entero y generoso / al caso adverso *inclinará la frente / antes que la rodilla al poderoso*"». Esta observación de Hermosilla ha gustado a la crítica: Gil y Zárate [1842:91] la copia, en parte al pie de la letra; E. Tomé [1924:94] también. Ninguno de los dos menciona a Hermosilla.

15 Pensamientos no lejanos (*esperanza* unida a *temor*) hay en muchos lugares de Séneca, como en la *Epist.* V (que Andrada conocía muy bien;

véase más abajo, vv. 154 y ss.). *Epist.* V, 7-8: «Desines, inquit [Heca-
ton], timere, si sperare desieris ... Spem metus sequitur. Nec miror ista
sic ire; utrumque pendentis animi est, utrumque futuri exspectatione so-
liciti». Esa misma coexistencia de la esperanza y el miedo está en estos
versos 7-15 de Andrada. También en Boscán, en la *Epístola a don Diego
de Mendoza* (vv. 175-177); allí dice, alabándose de su sosegado retiro:
«Así que yo ni quiero ya ni puedo / tratar sino de vida descansada, /
sin colgar de esperanza ni de miedo».

Los versos 13-15 tienen un vago parecido en Séneca, *Epist.* XXII, 5:
«Epicuri epistulam ... lege, Idomeneo quae inscribitur, quem rogat, ut
quantum potest fugiat et properet, antequam aliqua vis maior interveniat
et auferat libertatem recedendi...». Y en la misma epístola, § 8, aconseja
que el varón justo y prudente «cum viderit gravia, in quibus volutatur,
incerta, ancipitia, referet pedem, non vertet terga, sed sensim recedet
in tutum». Hay que tener en cuenta, para valorar justamente estas semejanzas, que, como hemos dicho en la nota a los versos 1-9, un pasaje
de esa epístola XXII influye sobre ellos de modo evidente. Séneca habla
siempre a un hombre ocupado en negocios y Andrada a un pretendiente.
Compárese también Medrano, *Son.* XLV, v. 12: «Quien aguarda a mañana, malprudente...».

21 Medrano, *Son.* XX, vv. 9-10: «cuando Guadalquivir con avenida /
soberbia hinchado sobre sus riberas...». Más distante, en cuanto a la expresión, hay que mencionar también este pasaje del mismo Medrano,
Son. XXVII, vv. 9-11: «...suele arrebatado / Guadalquivir de súbita avenida / llevarse a quien lo bebe maltemplado». Es probable que el final
de ese soneto de Medrano, y también su directa fuente horaciana (*Sat.*
I, 1, vv. 56-60), hayan tenido algo que ver en el proceso creativo de
estos versos 19-21 de la *Epístola*.

En Séneca, *Epist.* XXIII, 7-8, se habla de aquellos que se van metien-
do de un asunto en otro, o, mejor, se van dejando llevar al acaso, y
se los compara con lo que arrastra un río. Es posible también que de
las muchas comparaciones que hay en Séneca, entre la vida, o sus accidentes, y los ríos, hubiera dejado en Andrada huella esta de *Epist.* IV,
5 (hablando de que no se debe tener miedo a la pérdida de la vida):
«...quam multi sic complectuntur et tenent, quomodo qui aqua torrente
rapiuntur, spinas et aspera. Plerique inter mortis metum et vitae tormenta miseri fluctuantur...». Hay que tener en cuenta que poseemos otros
indicios, más fuertes que éste, de que Andrada conocía bien esa epístola
IV a Lucilio (véase nota al v. 198).

24 Tomé [1924:96-97] cita aquí un par de troquelaciones del mismo
pensamiento, que es, en realidad, frecuente lugar común: «Que sólo es
vuestro aquello / que por virtud pudisteis merecello». (Herrera, canción
III, vv. 77-78); «Que las honras consisten no en tenellas / sino en haber
sabido merecellas» (Ercilla, *Araucana*, XXXVII, 72). Aunque el argu-

mento es distinto (Séneca quiere demostrar la conveniencia de que los
hombres sean probados por la desgracia o por los peligros), compárese:
«Descendisti ad Olympia, sed nemo praeter te: coronam habes; victo-
riam non habes. Non gratulor tamquam viro forti, sed tamquam consu-
latum praeturamve adepto: honore auctus es» (*De providentia*, IV, 2).

27 Sedano (véase el Aparato crítico) corrigió de lamentable modo precisamente porque no era una variante burdamente disparatada como la
que hemos reseñado en el verso 18, sino una inteligente manera de dar
casi un sentido a lo que el editor no entendía: al meter «Austria» en
vez de «Astrea», la «balanza» no casaba bien; Sedano no se paró en barras
y la sustituyó por «fuerte lanza», que ya le iba bien a «Austria» (el sentido resultaba así: 'cuanto perteneció a los austrias —a la casa de Austria—, todo lo que gobernaban con sus poderosas y temidas armas').
El error de Sedano pasó (con ligerísima variación) al tomo III de la colección de Estala [1786:187].

En el tomo XVIII de la misma colección [1797:74], que fue formado
por Quintana, se imprimieron ya esos dos versos en su verdadera versión; no cabe, pues, duda de que el editor tuvo a la vista alguno o algunos manuscritos antiguos. Pero ¿qué pensar de Quintana, que después
de haber restituido la legítima lección de este pasaje en dicho tomo XVIII,
en sus *Poesías selectas castellanas* (desde 1807), que luego en las ediciones
de París se llamarían *Tesoro del Parnaso español* (desde 1835), vuelve a
imprimir la desdichada versión del tomo III de Estala? (La versión de
Estala, tomo III, difería de la de Sedano sólo en decir «cuanto regía»
en vez de «cuando regía».)

29 Obsérvese que de ningún modo se puede rechazar la lectura «procede», que dan algunos manuscritos, pues el latín *procedere* tiene igual-
mente el sentido de 'adelantarse' y 'tener éxito'. Esta equivalencia no
hace sino favorecer la idea de que el verbo (sea «precede» o «procede»)
está tomado en sentido absoluto.

Así también, pero basado en «procede», lo entendió Hermosilla [1826:II,
92-93]: «*Proceder*, por adelantarse, y de aquí, figuradamente, prosperar,
aventajarse a otro, ser más feliz que él...: "El oro, la maldad, la tiranía
/ del inicuo procede, y pasa al bueno": *i. e.*, el malo prospera, es feliz, y preferido al bueno». Sin embargo, bastantes años después, Campillo [1885] interpreta «*Procede*, por *proviene*. Como si dijera: nace del
malo y contagia al bueno». Lo cual es aplaudido así por E. Tomé
[1924:98]: «En el lenguaje moderno, la interpretación de Campillo parece más racional que la de Hermosilla, y hace el verso más comprensible».
Pero la *Epístola* no está en «lenguaje moderno», sino de principios del
siglo XVII, y no siempre lo que parece más comprensible a primera vista,
es lo verdadero (de ahí el criterio de la *lectio difficilior*); y es totalmente
inexacto que esa interpretación parezca «más racional». Hay que leer y
pensar el terceto entero. En primer lugar, no perder de vista (aunque

la interpretación que creemos verdadera tiene lugar lo mismo si se lee
«precede» que «procede») que son nueve los manuscritos que dicen «precede» y sólo cuatro los que leen «procede»; y además, entre los que tienen «precede» están todos los de la versión más depurada (menos el *M1*),
es decir los del grupo β. Pues bien, la lectura «precede» hace totalmente
imposible la explicación de Campillo y Tomé. Pero aun admitiendo la
lectura «procede», el juicio de esos dos criterios no es sostenible porque
si pensamos que el oro, la maldad, la tiranía contagian al «bueno», es
decir, a todos los buenos, no queda ya «virtud» para justificar el verso
último del terceto. El «bueno» para Andrada es incorruptible: es el varón
justo, honesto, estoico, es decir, constante en su honestidad: «...Semel
traditi nobis boni perpetua possessio est: non dediscitur virtus» (*Epist.*
L, 8). El último verso del terceto es una indignada interrogación excla-
mativa que adquiere su plena justificación ante el triunfo y la exaltación
de los malvados: '¿qué puede esperar la virtud, en qué puede confiar,
si ve que la maldad de los inicuos alcanza la preeminencia y que tienen
más éxito que los virtuosos?'.

36 Horacio, *Carm.* II, VI, 21-24: «Ille te mecum locus et beatae /
postulant arces: ibi tu calentem / debita sparges lacrima favillam / vatis
amici». Los versos de Andrada viene a corresponder con el primer verso
y medio de la cita de Horacio (quien en la estrofa anterior ha alabado
el clima del lugar), y el terceto siguiente (vv. 34-36), con el resto del
pasaje de Horacio. No se olvide el influjo que esa oda de Horacio ejerció
sobre la *Ode* XXXI de Medrano (comp. Alonso, 1948:22 y 139). El
pasaje de Horacio fue ya anotado por Menéndez Pelayo al margen de
un texto de la *Epístola* (Artigas, 1925:270-271).

39 Horacio, *Sat.* I, II, 115-116: «Num esuriens fastidis omnia praeter
/ pavonem rhombumque?». Esos versos de Horacio los cita también Séneca, *Epist.* CXIX, 12, y están entre las anotaciones de Menéndez Pelayo
a la *Epístola*, así como también «Ieiunus rare stomachus volgaria temnit»,
Horacio, *Sat.* II, II, 38 (Artigas, 1925:271).

41 La lectura que da *S* de este verso y del anterior fue defendida absurdamente por Castro (véase el Aparato crítico), quien ignoraba la conocida oda de Horacio (II, XVI, 1-4) en que el pasaje se apoya. Ese influjo
había sido señalado ya por Menéndez Pelayo. Nótese la coincidencia con
Medrano (*Ode* XXIV, v. 1) en interpretar «otium» por «sosiego». En
muchas ocasiones recomienda Séneca el *otium*, pero un ocio que dé la
posibilidad de hacer cosas mejores: *Epist.* LXVIII, 10 y siguientes.

45 En *M3*, p. 212, hay esta anotación: «Séneca: cui desiderium suum
secum claussit [*sic*] cum ipso Jove de felicitate contendat». Ese pasaje
es de la *Epist.* XXV, 4: «Nihil ex his, quae habemus, necessarium est:
ad legem naturae revertamur. Divitiae paratae sunt; aut gratuitum est,
quo egemus, aut vile: panem et aquam natura desiderat. Nemo ad haec
pauper est, intra quae quisquis desiderium suum clusit, cum ipso Iove

de felicitate contendat, ut ait Epicurus...». Más próximo, aunque tampoco inmediato, parece este otro pasaje de Séneca, de la *Epist.* LXII, 3: «Contemnere aliquis omnia potest, omnia habere nemo potest: brevissima ad divitias per contemptum divitiarum via est». Muchas máximas de abolengo estoico-epicúreo están más o menos próximas; menos me parece estarlo la aducida por E. Tomé [1924:101]: «Qui semel adspexit, quantum dimissa petitis / Praestent, mature redeat, repetatque relicta» (Horacio, *Epist.* I, VII, 96-97.

48 Herrera había dicho: «aunque el repuesto sitio y escondido» (véase Castro, 1854:300). Y, ya, Garcilaso: «moradores / de la parte repuesta y escondida» (*Elegía* I, 170-171), y poco después, refiriéndose a los mismos personajes y lugares: «así en el escondido bosque» (v. 175). Son endecasílabos hermanos y en todos no hay duda de que *repuesto y escondido* se refiere al lugar. *Repuesto* vale por 'apartado, retirado, escondido', (*Diccionario* de la Real Academia).

51 Hermosilla [1826:252], al hablar de la «claridad», censuró este pasaje, en el cual creía existir una «coordinación anfibiológica» en el verso 50: «bien vemos», dice, que, según la intención del autor, «aprisionado» se refiere al «ruiseñor» y no al príncipe; para evitar lo cual propone una absurda modificación del terceto. Y si «bien vemos» lo que quiere decir el autor, ¿para qué tocar lo bello y claro? Gil y Zárate [1842:26], sin mencionar, claro está, a Hermosilla, le copia hasta en el propuesto terceto adulterado. La crítica de Hermosilla fue ya contestada por Campillo [1885:336] y, esta vez, no sin humor: «Gil de Zárate y algún otro crítico tildaron de mal construido este verso, suponiendo que el *aprisionado* en las doradas rejas parece ser el príncipe y no el ruiseñor. No hay tal cosa. La cesura está después de *insigne*, la coma separa este epíteto de la palabra *aprisionado*; y el uso común es meter en jaulas a los pájaros y no a los príncipes». Sin embargo, la crítica de Hermosilla produjo algún efecto aun sobre el mismo Menéndez Pelayo, quien pone en su edición punto y coma después de «insigne».

No hay razón para detenerse en la variante «insine» que está en la edición de Quintana [1838:94]. Piensa E. Tomé [1924:103] que esa forma figuraría en manuscritos antiguos: no se halla en ninguno de los catorce que conocemos. Y claro está que no se le puede dar la importancia estilística que le concede Tomé.

54 «...A la mentira siga / del privado soberbio... / ... / ...el pensamiento / traya desvanecido, / en sustentarle el paladar contento; / falto de seso y sueño / expire si tal vez se lo vio con ceño», *Ode* XXX de Medrano, vv. 21-30. El cortesano está siempre avizorando qué cara pone el valido, si está contento o disgustado. Medrano expresa ahí, en diez versos, lo que en la *Epístola* está dicho con exacta concisión: «augur de los semblantes del privado». [Véase además el Estudio preliminar, pp. XII-XIII.]

La palabra «augur» produjo dificultades a varios copistas: *H* la omitió, *C2* la leyó disparatadamente y *C1* trató de interpretar de un modo razonable el desatino de *C2* (véase el Aparato crítico). Se diría que Sedano se basó en manuscritos a los que también había ofrecido dificultad esa primera palabra del verso 54, pues lee disparatadamente: «aunque de los semblantes desgraciado». Estala, en el tomo III [1786:187], comprendió, sin duda, que la lectura de Sedano era un absurdo y trató de arreglarlo del siguiente modo: «...a esa antigua colonia do los vicios / habitan con semblante disfrazado»; lo cual ya hace sentido, pero no tiene nada que ver con el original garantizado (a pesar de errores en la primera palabra del v. 54) por la totalidad de los manuscritos antiguos.

60 Séneca, *Epist.* V, 7-9: «...Spem metus sequitur. Nec miror ista sic ire; utrumque pendentis animi est, utrumque futuri exspectatione solliciti. Maxima autem utriusque causa est, quod non ad praesentia aptamur, sed cogitationes in longinqua praemittimus ... Ferae pericula, quae vident, fugiunt; cum effugere, securae sunt: nos et venturo torquemur et praeterito». Puede desecharse la comparación con Horacio, *Epist.* I, IV, 13-14, aducida por Menéndez Pelayo (Artigas, 1925:271).

A don Narciso Campillo [1885:337] le parecía muy mal la máxima de este terceto (vv. 58-60): «si la hubieran seguido nuestros antepasados, aún nos hallaríamos en el estado salvaje».

62 Lo que hace absurdo que el hombre, tan pequeño, espere, es que de la «grande» Itálica casi no quede ni una sombra. Es «grande» la versión de los manuscritos del grupo β (salvo *M5*); y no hay que olvidar que referido también a ciudad («Romúlea») se había usado ya «antigua» en el verso 32.

Como observa E. Tomé [1924:106-107], el autor comienza su enumeración de grandezas caídas por la más próxima a su corazón de sevillano: Itálica. La comparación con Itálica era una moda entre poetas sevillanos, y quizá vivo aún Medrano, habría sido tema de academia. En el manuscrito 20355 de la Biblioteca Nacional, coleccionado por don José Maldonado Dávila y Saavedra, el año 1646, hay toda una serie de sonetos al tema de Itálica, varios publicados por Santiago Montoto [1915:50 y ss.] Montoto, quien no cita el paradero del manuscrito que acabamos de mencionar, reproduce los sonetos a Itálica de Guzmán, Arguijo, Villalón y Espinosa. También imprime, aunque publicado antes, el de Medrano (es el XXVI). El de Rioja está en Castro [1854:380]; y allí mismo (Castro, 1854:421), el de Quirós, aunque con otro principio, distinto del que tiene en el fol. 133 del manuscrito 20355.

66 Con los versos de este terceto debe de ser con los que Alonso Cortés compara los siguientes de Lomas Cantoral: «Las altas torres de la gran Cartago / cayeron, y de Troya el alto muro, / y así cairá también esto que hago. / No hay edificio acá firme o seguro; / de Egipto las pirámides cayeron, / que del tiempo al rigor no hay nada duro. /

Los arcos y los templos fenecieron / de aquella antigua Roma, y juntamente / cuantas glorias y triunfos tuvieron». En realidad, a pesar de algún parecido, se trata de un tópico del que podrían citarse muchos ejemplos.

Ocurre, sin embargo, que de la epístola de Lomas Cantoral son varios los pasajes que Alonso Cortés señala como cercanos a otros de la de Fernández de Andrada. Compárense nuestras notas a los versos 92 y 205. La conjunción de todos ellos y sobre todo los cuatro últimos versos de ambas epístolas nos hacen pensar ser bastante probable que Fernández de Andrada conociera la de Lomas Cantoral.

Hace esto más posible el haber vivido Lomas Cantoral en Sevilla cierto tiempo, y haber tenido alguna relación con Fernando de Herrera, y que precisamente en Sevilla escribió la epístola a Felipe Ortega: «Aquí, Felipe, donde por camino / llano y tendido, el Betis celebrado / sus aguas lleva al ancho mar vecino / ... / vivo...». Las *Obras* de Lomas Cantoral se publicaron en Madrid en 1578. Alonso Cortés, sin conocerse, entonces, la época en que se escribió la *Epístola Moral*, se preguntaba quién influyó sobre quién, o si ambos autores tuvieron un modelo común. Esto último es posible; si no, si hubo influencia fue Lomas Cantoral el que influyó sobre Fernández de Andrada. (Véase Alonso Cortés, 1919:377, n. 2; véanse además nuestras notas a los versos 89 y 92 en el Aparato crítico.)

71 *Psalm.* 89, 6: «Mane sicut herba transeat, mane floreat et transeat: vespere decidat, induret et arescat». *Ibid*, 101, 12: «Dies mei sicut umbra declinaverunt: et ego sicut foenum arui». *Ibid.*, 102, 15: «Homo, sicut foenum dies ejus...». *Isai.* 40, 6-7: «Omnis caro sicut foenum veterascet». Estos lugares comunes contenidos en los versos 67-71 han sido repetidos innumerables veces en literatura española: aparte la *Epístola Moral* han tenido su expresión más feliz en las *Coplas* de Jorge Manrique, o en las de su tío Gómez Manrique a Diego Arias, y en el soneto a las flores, en *El príncipe constante* de Calderón.

73 Medrano («No será que el hidrópico remita / la sed...», *Ode* XIII, 13-14), y antes Garcilaso, Herrera, Rioja, fray Luis de León («¿Cuándo será que pueda / ... volar...?») emplean este mismo giro. Dice R. J. Cuervo [1954:500]: «Deben reputarse como latinismos las locuciones en que tomándose *ser* en el sentido de *suceder, verificarse*, aparece el verbo siguiente en subjuntivo». El sentido, pues, es '¿Llegará a suceder?', '¿Llegará a verificarse?', '¿Será posible que?'. En el pasaje de la *Epístola* viene a decir Fernández de Andrada: '¿Será posible que llegue algún día en que el hombre despierte de este sueño? ¿Será posible que pueda yo llegar a ver, a comprender, que con mi mismo vivir me voy apartando de la vida, y que la acechante muerte está ligada a mi simple y despreocupado vivir?'. Esta idea última le viene de Séneca; véase más abajo.

Hubo, sin duda, quienes tropezaron en la rara expresión latinizante

«¿Será que pueda...?». De ahí proceden las corruptas lecturas de los versos 73-74, que alcanzan parcialmente a *C1*, *S*, *M2* y *M4*, y por otro lado a *P*: en los cuatro primeros se lee «que esté unida» y en el otro «desvíe», cuando esos verbos penden de «pueda ver que», son afirmaciones absolutas y deben ir en indicativo. En *Ch* el amanuense escribió «que est unida»; parece como si hubiera dejado sin completar el verbo, dudoso entre *está* y *esté*. Es correcta la lectura de *G*, *T*, *M5*, *H*, *C2*, *M3* y —con error que ahora no cuenta— *M1*.

81 Parece evidente que «sino alguna» es una variante errónea que pudo fácilmente surgir —como corrección—, en cualquier copia, por la extrañeza que produce «alguna» antepuesto al nombre y con el sentido de 'ninguna'. Esto mismo es lo que hizo que Quintana corrigiera este verso imprimiendo «sin ninguna», corrección que no tiene base en ningún manuscrito conocido. Aparece ya en el tomo XVIII (cuidado por Quintana) de la colección de Estala, y a través de las otras ediciones de Quintana y de las de Lista, Campillo, etc., llega a *Las cien mejores poesías*, de Menéndez Pelayo [1908], y aun al mismo Tomé [1924]. *Sin algún, -a*, seguido de sustantivo y con valor de 'sin ningún, -a' se encuentra con bastante frecuencia en literatura preclásica y clásica: «Susana ... tragó el miedo de la muerte sin algún temor della», D. Álvaro de Luna, *Claras e virtuosas mujeres*, p. 88; «Ahora digo ... que no ha sido sabio el autor de mi historia sino algún ignorante hablador que a tiento y sin algún discurso se puso a escribirla...», *Quijote*, II, 3; «sin alguna diferencia», *Viaje del Parnaso*, II, 135, y también en el soneto inicial.

84 Séneca, *Epist.* XXIV, 20: «Cotidie morimur, cotidie enim demitur aliqua pars vitae, et tunc quoque, cum crescimus, vita decrescit. Infantiam amisimus, deinde pueritiam, deinde adulescentiam. Usque ad hesternum quicquid transît temporis, perît; hunc ipsum, quem agimus, diem cum morte dividimus; ... ultima hora, qua esse desinimus, non sola mortem facit, sed sola consummat: tunc ad illam pervenimus, sed diu venimus». El mismo, *Epist.* I, 2: «Quem mihi dabis ... qui intellegat se cotidie mori? in hoc enim fallimur quod mortem prospicimus: magna pars eius iam praeterît. Quicquid aetatis retro est, mors tenet». El mismo, *Epist.* XXVI, 9: «Egregia res est mortem condiscere». *De brevitate vitae*, VII, 3: «...vivere tota vita discendum est; et quod magis fortasse mirabere, tota vita discendum est mori».

89 Castro [1875:47-48] considera la lectura de *S* mejor que la atestiguada por todos los otros manuscritos. Dice: «La repetición del verbo *pasar* existe más hermosamente trazada no continuándola en todos los versos». Claro está que el mero argumento estilístico no bastaría para rechazar una versión congruente, de la que sólo *S* difiere. El argumento de Castro es, además, poco acertado. En estos últimos tercetos se llega a la cima de un crescendo iniciado con el ejemplo de Itálica: todo pasa, todo acaba. Ahora, todo se intensifica con la meditación del mismo ciclo natural, también símbolo de nuestra vida. «Pasáronse, pasó, pasó…»: son los últimos escalones del movimiento climático, que se quiebra en el encabalgamiento abrupto de los versos 91-92; pasan las estaciones, pasan los años: sólo persiste nuestro error. Ese escalonamiento de los versos 88-90 ha sido notado por Arnold H. Weiss [1952]; también advierte que ese movimiento «culmina en el plástico y fortísimo *cayeron*» (del v. 92), efecto que compara con el *murieron* del verso 66. Véase la nota siguiente.

92 Narciso Alonso Cortés [1919] cree poder confirmar las semejanzas que nota entre la *Epístola* y la que Lomas Cantoral dirige a Felipe Ortega, por la parecida y fuerte posición del «cayeron» en el verso 92 y el pasaje de la de Lomas Cantoral: «Las altas torres de la gran Cartago / cayeron…». Weiss [1952] compara dentro de la *Epístola* de Fernández de Andrada los versos 91-92 con los 64-66: «Las enseñas grecianas, las banderas / del senado y romana monarquía / murieron…».

99 Menéndez Pelayo (Artigas, 1925), y con él Tomé [1924], señalan como fuente *Deuter*. 11, 14, 16 y 17. Los versos 97-99 de la *Epístola* parecen un eco lejano y variado de los versículos 16 y 17: «Cavete ne forte decipiatur cor vestrum et recedatis a Domino … Iratusque Dominus claudat caelum et pluvias non descendant, nec terra det germen suum…». Aunque en el versículo 14 se dice «Dabit pluviam terrae vestrae temporaneam et serotinam…», no cabe duda de que la fuente inmediata de los vv. 94-96 no es ésa, sino *Jeremías*, 5, 24: «Metuamus Dominum … qui dat nobis pluviam temporaneam et serotinam in tempore suo: plenitudinem annuae messis custodientem nobis».

104 Según Hermosilla [1826], con el verbo *medir*, que él interpreta con el sentido de 'averiguar o calcular la medida', el poeta habría designado las acciones peculiares del científico. Quedarían rechazadas, pues, las actividades militares y las comerciales. Puede ser.

Pero choca inmediatamente tal actitud, contraria a Séneca: éste, que tantas veces quiere apartar a Lucilio de todo lo que no conduzca a la virtud, no sólo no rechaza los estudios, sino que excita una y otra vez a su amigo a cultivarlos. Habría aquí una gran diferencia, una verdadera oposición entre Séneca y el senequista Andrada.

No existe semejante contradicción si interpretamos que el verbo «medir» significa ahí 'medir viajando, caminando'. Si aceptamos esta interpretación, los versos 102-104 tratarían, los tres, de los viajes, y vendrían a decir 'para navegar por los mares, para recorrer la redondez de la tierra, para viajar por la zona tropical'; «el cerco por do el sol siempre camina» designa evidentemente la eclíptica, comprendida (en la esfera terrestre) entre los dos trópicos: una gran parte del Imperio español estaba en la zona tropical. Compárense los versos de Francisco de Aldana que nos parecen fuente segura de los de Andrada: «Montano, cuyo nombre es la primera / estrellada señal por do camina / el Sol el cerco oblicuo de a esfera» (Epístola a Arias Montano, 1-3). Además, la mención de las ierras cálidas y de la extensión de los viajes figuraba casi siempre en a tradición del topos: «Quid terras alio calentis / sole mutamus?» (Hora-:io, Carm. II, XVI, 18-19). «Quid leges sine moribus / vanae proficiunt, i neque fervidis / pars inclusa caloribus / mundi nec Boreae finitimum .atus / durataeque solo nives / mercatorem abigunt, horrida callidi / vincunt aequora navitae?», Carm. III, XXIV, 35-41.

La Epístola repite un poco después (vv. 124-126) la reprobación de os viajes; pero entre las cosas que el aspirante a la virtud ha de tener, igura «un libro», es decir, unos pocos libros para estudio, que puedan ser leídos y entendidos (influye aquí también Séneca, opuesto a la mundanidad de grandes bibliotecas, ostentadas y no leídas).

Creo que esta segunda interpretación de los versos 100-105, y no la de Hermosilla, es la verdadera.

Las ideas de Séneca, contrarias a los viajes (hay que mudar de ánimo y no de clima, dice), pueden verse en las epístolas XXVIII y CIV. En esta última, precisamente a renglón seguido de sus calurosos argumentos contra los viajes, da como verdadero remedio el estudio y la investigación: «Inter studia versandum est et inter auctores sapientiae, ut quaesita discamus, nondum inventa quaeramus; sic eximendus animus ex miserrima servitute in libertatem adseritur» (§ 16). Y en lo que sigue inmediatamente a estas palabras contrapone del modo más neto el estudio a los viajes: «Quamdiu quidem nescieris quid fugiendum, quid petendum, quid necessarium, quid supervacuum, quid iustum, quid iniustum sit, non erit hoc peregrinari, sed errare. Nullam tibi opem feret iste discursus, peregrinaris enim cum adfectibus tuis et mala te tua sequuntur», etc.

En los poetas españoles, la enemiga a los viajes tiene dos principales raíces: Horacio y Séneca. Los dos más importantes pasajes contra el viajar, en la Elegía VI de Herrera (vv. 2399-2404 y 2480-2485), son también de inspiración claramente senequista. Otro ejemplo (ibid., 2411-2416): «Ningún monte o desierto, ningún llano / a do pueda llegar gente atrevida, / nos tendrá libres del error profano. / Ira, miedo, codicia aborrecida / nos cercan, y huir no es de provecho, / que las llevamos siempre en la huida»; «...mala te tua sequuntur» hemos visto que decía Séneca.

117 «Afectar vale apetecer y procurar alguna cosa con ahínco...» (Covarrubias). Esa misma definición ha pasado a las ediciones modernas del Diccionario de la Real Academia, donde hoy es una acepción de afectar. Es un latinismo, tanto por su forma como en su sentido.

126 Unas veces Séneca censura a los que cambian de lugar buscando cura para su propia intranquilidad (compárese De tranquillitate animi, II, 13-15); otras, habla con desdén de los viajes de los mercaderes: «...alium mercandi praeceps cupiditas circa omnis terras, omnia maria spe lucri ducit», De brevitate vitae, II, 1. La asociación de la idea de lucro mercantil se repite mucho en Horacio: Carm. I, I, 15-18; I, XXXI, 10-15;

II, XVI, 17-24; III, XXIV, 35-44; *Epist.* I, I, 45-46; etc. Esta idea (viaje por lucro) es también la de Andrada, aquí patente en el verso 126, aun que no quedara declarada en los versos 102-104. (Véase la nota a esto versos.)

Este terceto (vv. 124-126) recuerda algo uno de la *Epístola a Hurtad* *de Mendoza*, vv. 199-201: «Quien quiera se desmande y se desmida / buscando el oro puro y reluciente / y la concha del mar Indo venida» En ambos tercetos, el de Andrada y el de Boscán, el poeta habla despecti vamente del que aspira a enriquecerse, en ambos el giro del primer vers< es parecido, con dos verbos; y poco antes (v. 120) Andrada ha hablad< «del cándido metal puro y luciente», donde hay una semejanza no sól< de contenido y adjetivación respecto al segundo verso del terceto de Bos cán, sino también por la estructura del endecasílabo. [Véase también e Estudio preliminar, pp. XVI y ss.]

127 *Ángulo* es voz que figura varias veces con ese sentido en Séneca «Non sum uni angulo natus, patria mea totus hic mundus est» (*Epist* XXV, 4; comp. LXVIII, 2). Entre nosotros, en el siglo XVI se notaba su no pertenencia al caudal de palabras tradicionales: «Rincón llaman er España a lo que (en latín) ángulo» (Diego de Guadix, *Recopilación de algunos nombres arábigos*, ms. de la Biblioteca Colombina, Sevilla, 1593 s. v. *rincón*). Véase *ángulo*, en el *Tesoro* de Covarrubias: «...entre los architectos llaman ángulos la concurrencia de dos paredes, que por defue ra se llaman esquinas y por dedentro rincones...». En todo lo que allí sigue, Covarrubias se olvida de que está tratando de *ángulo*, y da múlti ples ejemplos del uso de *rincón*. No existe tampoco la acepción 'rincón' ni en el *Diccionario* de Terreros, ni en el de Autoridades: uno y otro atienden sólo a muchos valores de *ángulo* en geometría, astrología, etc. Son acepciones de ese mismo tipo las que de *ángulo* existen en Cervantes y en Lope de Vega, a juzgar por los vocabularios de uno y otro publica dos por C. Fernández Gómez. En el *Panegírico*, de Góngora, existe el uso de *ángulo* con un sentido de 'rincón': habla de un salón de palacio en el que se había celebrado una suntuosísima fiesta; al terminar ésta y apagarse las luces, etc., el salón, dice, «ángulo quedó apenas de Pala cio». Véase la explicación de Salcedo Coronel [1648:530-531]: «Quedó [el salón] huérfano de aquel hermoso concurso, boluiendo a ser vna parte pequeña, vn rincón retirado, del Real Palacio. ... El Ángulo, según lo definen los Geómetras, es lo que consta de dos líneas, que se vienen a juntar en vn punto; nosotros le llamamos *Rincón*. Alguna vez se toma por qualquier lugar secreto y escondido, porque ordinariamente en los edificios son más obscuros y secretos que las demás partes de que constan».

132 Séneca recomienda siempre que se lean pocos libros; así en *Epist.* XLV, I: «non refert, quam multos [libros], sed quam bonos habeas»; y lo mismo en *Epist.* II. Y no sin humor, en *De tranquillitate animi*, IX, 4-7: «Quo innumerabiles libros et bibliothecas, quarum dominus vix tota ita indices perlegit? Onerat discentem turba, non instruit, multoque atius est paucis te auctoribus tradere quam errare permultos». Habla uego de los cuarenta mil volúmenes que ardieron en la biblioteca de Alejandría, tan alabada, y dice: «Non fuit elegantia illud aut cura, sed tudiosa luxuria, immo ne studiosa quidem, quoniam non in studium, ed in spectaculum comparaverant, sicut plerisque ignaris etiam puerilium litterarum libri non studiorum instrumenta, sed cenationum ornamenta sunt. Paretur itaque librorum quantum satis sit, nihil in apparaum», etc. Menéndez Pelayo menciona aquí un pasaje de Horacio (*Epist.* , XVIII, versos 109-110): «Sit bona librorum et provisae frugis in annum / copia; neu fluitem dubiae spe pendulus horae». En éste, el verso 10 parece corresponderse lejanamente con el 129 de Andrada, y llevarnos a la idea, pues, de que esos dos versos sean fuente de los dos (128-129) del poeta español; nótese, en cambio, que abundancia de libros y de productos del campo está en patente contradicción con este pasaje de la *Epístola Moral*, el cual se justifica, en parte, en los muchos lugares de Séneca que, como los que he citado, podrían aducirse. Por todas partes, en sus obras, se recomiendan la frugalidad de la mesa y la sencillez de la casa: *Epist.* IV, 10: «...accipe, quod mihi hodierno die placuit. Et hoc quoque ex alienis hortulis sumptum est. 'Magnae divitiae sunt lege naturae composita paupertas'. Lex autem illa naturae scis quos nobis terminos statuat? non esurire, non sitire, non algere. Ut famem sitimque depellas, non est necesse superbis adsidere liminibus nec supercilium grave et contumeliosam etiam humanitatem pati, non est necesse maria temptare nec sequi castra: parabile est, quod natura desiderat, et adpositum. Ad supervacua sudatur. Illa sunt quae togam conterunt, quae nos senescere sub centorio cogunt, quae in aliena litora impingunt: ad manum est quod sat est. Cui cum paupertate bene convenit, dives est». *Epist.* VIII, 5: «Durius tractandum [corpus] est, ne animo male pareat: cibus famem sedet, potio sitim extinguat, vestis arceat frigus, domus munimentum sit adversus infesta corporis». *Epist.*, XXV, 4: «Nihil ex his, quae habemus, necessarium est: ad legem naturae revertamur. Divitiae paratae sunt; aut gratuitum est, quo egemus, aut vile: panem et aquam natura desiderat. Nemo ad haec pauper est, intra quae quisquis desiderium suum clusit, cum ipso Iove de felicitate contendat, ut ait Epicurus...».

144 Séneca, *Epist.* VI, 1-4: «Intellego, Lucili, non emendari me tantum sed transfigurari. Nec hoc promitto iam aut spero, nihil in me superesse, quod mutandum sit. Quidni multa habeam, quae debeant colligi, quae extenuari, quae attolli? Et hoc ipsum argumentum est in melius translati animi, quod vitia sua, quae adhuc ignorabat, videt ... 'Mitte' inquis 'et nobis ista, quae tam efficacia expertus es'. Ego vero omnia in te cupio transfundere, et in hoc aliquid gaudeo discere, ut doceam». Es posible que Andrada tuviera ante los ojos la *Epístola* XXVII, 1-4: «'Tu me', inquis, 'mones? Iam enim te ipse monuisti, iam correxisti? Ideo

aliorum emendationi vacas?'. Non sum tam inprobus, ut curationes aege
obeam, sed tamquam in eodem valitudinario iaceam, de communi tecum
malo conloquor et remedia communico. Sic itaque me audi, tamquam
mecum loquar ... Sola virtus praestat gaudium perpetuum ... Quand
ad hoc gaudium pervenire continget? Non quidem cessatur adhuc, se
festinetur. Multum restat operis, in quod ipse necesse est vigiliam, ips
laborem tuum inpendas, si effici cupis». Véase la nota siguiente.

150 «Díjome no sé quién, una vez, que era / placer hablar de Dio
y obrar del mundo: / ésta es la ley de nuestra ruin manera. / Pero
señor, si a la virtud que fundo / llegar bien no podemos, a lo menos
excusemos del mal lo más profundo. / En tierra do los vicios van tan
llenos, / aquellos hombres que no son peores, / aquellos pasarán luego
por buenos. / Yo no ando ya siguiendo a los mejores; / bástame algun
vez dar fruto alguno; / en lo demás conténtome de flores» (Boscán, Epís
tola a don Diego de Mendoza, vv. 91-102).

Los dos poetas están hablando de la virtud, los dos, de repente, se
dirigen, de un modo personal, al amigo a quien escriben la carta, para
decirle que no llegan a un perfecto ejercicio de la virtud; en los dos se
acude a la comparación con la flor y el fruto. Poco más arriba, al comen
tar los versos 124-126 de la Epístola Moral, señalamos su relación con
otro terceto de la Epístola de Boscán a Hurtado de Mendoza. Menénde
Pelayo [1950] estableció ya ese paralelo, aunque creo que exagera algo
cuando dice que las sentencias morales de Boscán las «adoptó hasta er
la expresión, con leves variantes, el capitán Fernández de Andrada, para
su célebre Epístola». Es sólo en los versos 124-126 donde Andrada parece
reproducir algún pormenor de Boscán.

159 Séneca, Epist. V, 1-2: «Illud autem te admoneo, ne eorum more
qui non proficere sed conspici cupiunt, facias aliqua, quae in habitu tuo
aut genere vitae notabilia sint. Asperum cultum et intonsum caput e
neglegentiorem barbam et indictum argento odium et cubile humi posi
tum, et quicquid aliud ambitionem perversa via sequitur, evita». Fernán
dez de Andrada ha simplificado, eludiendo los pormenores; pero ha dado
muy bien el sentido general, y al final recuerda, oportunamente, los se
pulcros blanqueados del Evangelio (Mat., 23, 27): «Vae vobis, Scribae
et Pharisaei hypocritae, quia similes estis sepulchris dealbatis, quae a foris
parent hominibus speciosa, intus vero plena sunt ossibus mortuorum
et omni spurcitia». Lo mismo el Evangelio que Séneca atacan a los hipócritas. Es posible que en la expresión «Amant ... salutationes in foro»
(ibíd., 67), «in foro» (en las traducciones 'en la plaza'), haya dejado alguna huella en el «que moran nuestras plazas», de la Epístola.

La imitación de la epístola V de Séneca continuará, aunque con alguna
interrupción, hasta el verso 180 de la de Andrada.

¿A quiénes alude Andrada en estos versos 154-159? Como vemos al
comentar el verso 167, probablemente ya hubo copista del siglo XVII

que pensó que se trataba de los frailes (véase el Aparato crítico, n. 167).
El abate Marchena [1820:II, 564] no tuvo reparo, con evidente intención
anticlerical, de falsificar el verso 155 de Andrada, al sustituir «moran»
por «gritan», en dicho verso. El terceto adulterado resulta así: «No quiera Dios que imite estos varones / que gritan en las plazas, macilentos,
/ de la virtud infames histrïones...». La sustitución le sirve a Marchena
para aclarar el pasaje en el sentido político-social que desea, como se ve
en su comentario: «Los únicos contra quien se irrita el virtuoso y filósofo
poeta son los frailes hipócritas, que encenagados en los vicios más tor-
pes, predican la virtud en las plazas y sitios públicos» (Marchena, 1820:
I, CXVIII).

El pasaje, en su verdadera versión, no resulta fácil de interpretar. ¿Quiénes son los personajes «que moran nuestras plazas»? El verso parece precisar el sentido en la dirección que quería Marchena; de todos modos,
si es así, está dicho con cautela y vaguedad: el autor de la *Epístola* habla
de todos los hipócritas. Ya don Adolfo de Castro [1875:69] censuró la
interpretación de Marchena: «...resulta que este crítico [Marchena] sustituyó la voz *gritan* para sacar al terceto el sentido que él se propuso. Todos los textos ... dicen *moran*. Se refiere el poeta a los hipócritas que
frecuentaban constantemente los lugares del trato común en las ciudades,
ostentando las apariencias de virtud para atraerse el respeto público ...
El predicar frailes en plazas públicas era en contadas veces: el sitio constante de sus oraciones evangélicas, los templos. La alusión del terceto
se dirige, pues, a otros que no a eclesiásticos». Don Adolfo, a la luz
del manuscrito S, se rectificaba parcialmente, de este modo, a sí mismo:
en su edición de la *Epístola*, en el tomo XXXII, de Rivadeneyra, había
aceptado la variante «gritan». Véase Castro [1854:388].

162 Como ya hemos citado y citaremos aún algunos pasajes de la *Epístola a don Diego de Mendoza*, de Boscán, relacionables con la de Andrada,
transcribimos éste (vv. 298-301), no sin advertir previamente que los
pensamientos y la situación son en absoluto distintos. Pero es curioso
que a ambos poetas haya venido la idea de *paso* por las *montañas* y del
viento moviendo o haciendo sonar las cañas: «El correr de las aguas oire-
mos, / y su blando venir por las montañas, / que a su paso vernán
donde estaremos; / el aire moverá las verdes cañas...».

165 Arnold H. Weiss [1952] considera defecto, después de los tres
tercetos, correspondientes a los versos 154-162, la agregación del cuarto
(vv. 163-165). Cree que la idea queda perfectamente clara con los tres
primeros tercetos, y eso bastaba. «Porque si la imagen no queda perfectamente clara en las dos primeras estrofas, cierto que es fijada poéticamente
por la tercera; la cuarta sólo puede hincharla más, en términos prosaicos,
hasta destruir el encanto poético.» Hay que tener en cuenta el tono dis-
cursivo, suasorio, de la *Epístola*, como una cobertura continua, tras la
que se trasluce su intensidad poética, que hasta rompe su manto aquí

y allá. Los versos 163-165 hacen mucho más suave el enlace con lo que viene a continuación (vv. 166 y ss.). Por otra parte, Weiss parece no haber comprendido todo el pasaje: cree que el poeta habla de los actores trágicos. La fecha de la *Epístola* hace también muy difícil la alusión a la oratoria hinchada barroca.

169 Séneca, *Epist.* V, 2-4: «Intus omnia dissimilia sint, frons populo nostra conveniat. Non splendeat toga, ne sordeat quidem ... Id agamus, ut meliorem vitam sequamur quam vulgus, non ut contrariam...». Téngase presente el recuerdo de ese pasaje de Séneca en el soneto XIX de Medrano, en el que hay curiosas coincidencias de léxico con la *Epístola Moral*. Medrano: «llegue a los pies al tanto que, ceñida, / no bese el suelo, no, la toga ... / No, Flavio, no la quiero desceñida...». El pasaje de la *Epist.* V, de Séneca, había sido mencionado ya por Cherpack [1953].

174 Séneca, *Epist.* V, 3, 5-6: «Id agamus, ut meliorem vitam sequamur quam vulgus, non ut contrariam ... Frugalitatem exigit philosophia, non poenam ... Hic mihi modus placet: temperetur vita inter bonos mores et publicos...».

177 Con esta *murra* o *myrra* se hacían unos vasos que alcanzaban grandes precios. Castro [1875:49] copia de Jerónimo de Huerta (en el libro séptimo de la *Historia Natural*, de Plinio) algunas noticias según las cuales Pompeyo fue el primero que dedicó a Júpiter Capitolino seis vasos múrrinos, y otros fueron luego usados para ostentación; y tanto se estimaban que «T. Petronio, muriéndose con envidia del emperador Nerón, porque no heredase cosa de su mesa, quebró un aguamanil múrrino». Castro ya vio acertadamente que, tanto las formas «múrrino» (ms. *M1* y *M5*), como las «mírrino» (de *G* y *S*) y «mýrrino» (de *T*), eran todas correctas. Puestas así las cosas en claro, por Castro, no se comprende por qué Blanco prefirió imprimir «múrino» siguiendo a Sedano.

179 La desgracia de este verso ha sido notable: Sedano, al que la lectura del manuscrito que utilizara le resultó difícil, o que no entendió el sentido, inventó la expresión «como si fuera plata neta». ¿O fue, quizá, *pudoris causa*? Porque en el texto auténtico, Andrada dice «vil gaveta» como si dijera 'cacharro para uso vulgar o sucio'. Claro está que si la invención se debió a esta última causa, Sedano alteró totalmente el sentido; más bien creo que fue por falta de lectura y comprensión del pasaje. La invención de Sedano había de hacer fortuna entre los editores de la *Epístola*: es el único error, verdaderamente grave, que contiene la del tomo XVIII de la colección de Ramón Fernández; continúa en la de Quintana [1807], llega a la de Campillo [1885]; la vemos ¡en la de don Marcelino Menéndez Pelayo! [1908] y en Tomé [1944]. La verdadera lección la había dado ya Lista [1821] gracias al manuscrito *S*, la retoma Castro, y está en Blanco. Es increíble el éxito del disparate inventado por Sedano.

180 Séneca, *Epist.* V, 6: «Magnus ille est, qui fictilibus sic utitur quemadmodum argento. Nec ille minor est, qui sic argento utitur quemadmodum fictilibus...».

182 «No quiero en la virtud ser importuno, / ni pretendo rigor en mis costumbres; / con el glotón no pienso estar ayuno. / La tierra está con llanos y con cumbres; / lo tolerable al tiempo acomodemos / y a su sazón hagámonos dos lumbres. / No curemos de andar tras los extremos, / pues de ellos huye la filosofía / de los buenos autores que leemos. / ... / Ande firme y derecha la templanza, / como hombre que pasea por maroma, / que no cae porque no se abalanza. / ... / El estado mejor de los estados / es alcanzar la buena medianía...» (Boscán, *Epístola a don Diego de Mendoza*, 103-125).

192 Séneca, *Epist.* XX, 1-2: «Illud autem te, mi Lucili, rogo atque hortor, ut philosophiam in praecordia ima demittas et experimentum profectus tui capias, non oratione nec scripto, sed animi firmitate, cupiditatum deminutione: verba rebus proba. Aliud propositum est declamantibus et adsensionem coronae captantibus, aliud his, qui iuvenum et otiosorum aures disputatione varia aut volubili detinent: facere docet philosophia, non dicere...». Y más por extenso en *Epist.* XL.

Estos tres versos, juntos con el final de la *Epístola*, recuerdan algo a Lomas Cantoral. Véase la nota al verso 205.

198 Séneca, *Epist.* IV, 4: «'Difficile est', inquis, 'animum perducere ad contemptionem animae'. Non vides, quam ex frivolis causis contemnatur? Alius ante amicae fores laqueo pependit, alius se praecipitavit e tecto, ne dominum stomachantem diutius audiret, alius, ne reduceretur e fuga, ferrum adegit in viscera: non putas virtutem hoc effecturam, quod effecit nimia formido?». El contenido de este pasaje de Séneca es muy distinto del de Andrada, pero hay cierto parecido en la forma del argumento: Séneca está hablando del miedo (a la muerte) y Andrada del vicio; pone Séneca tres ejemplos de cómo, por pequeñas causas, se puede llegar a la superación de ese miedo, y Andrada otros tres de cómo por codicia, ira o ambición, se llega también a arriesgar la vida. El argumento final es: mucho más natural es que la virtud pueda lograr lo que el miedo (Séneca) o las pasiones (Andrada) consiguen. Y en uno y otro está expuesto en forma interrogativa ('¿y acaso no conseguirá la virtud lo que el mero miedo o las pasiones humanas?'). En Séneca, la interrogación está al final del pasaje; en Andrada está repetida, al principio (vv. 193-194) y al final (vv. 199-201).

Hay también, con grandes diferencias, cierto parecido en la forma del razonamiento, en la *Epístola a Arias Montano sobre la contemplación de Dios*, de Francisco de Aldana (*Poesías*, 61): «Puede del sol pequeña fuerza ardiente / desde la tierra alzar graves vapores / a la región del aire allá eminente, / ¿y tantos celestiales protectores / para subir a Dios alma sencilla / vernán a ejercitar fuerzas menores?». Lo comparado (plano imaginario) es muy distinto (la fuerza del sol, considerado pequeño desde la tierra, que alza hasta el cielo pesados vapores), pero tiene cierto parecido formal con la pregunta de Andrada la pregunta retórica con que termina el pasaje en Aldana. Obsérvese la semejanza entre «tantos celestiales protectores» y «de más ilustres genios ayudadas».

No convencen nada los argumentos de Castro recogidos en el Aparato crítico. El navegante se entrega en manos de la suerte; el ambicioso se ríe de la muerte, pues quiere seguir acumulando riquezas y poder como si no hubiera de morir. No se puede leer «la codicia en las manos de la muerte / se arroja al mar» por dos razones: 1.ª) porque Andrada usa ahí una expresión troquelada; se dice *entregarse en manos de la suerte*, o *en manos del destino*, etc.; no se dice, en cambio, de modo habitual, *en manos de la muerte*; 2.ª) porque es inexacto que el navegante se ponga en manos de la muerte al emprender una travesía: se arroja a una aventura, cuyo éxito depende de la suerte; no se pone en manos de la muerte. Aparte estos argumentos, los otros doce manuscritos concuerdan con nuestro texto.

203 El verso que comentamos tiene mucho más contenido con «simple» que con «siempre»; notemos que esta última voz está sólo en *S* y en *T*, frente a todos los otros manuscritos; debe de proceder de una mala lectura de «simple». No añade casi nada «de cuanto siempre amé» con respecto a *de cuanto amé*, todo lo más algo más de énfasis a la expresión. En cambio, «simple» añade un concepto: 'de cuanto, equivocado, lleno de ingenuidad, amé'.

Es importante la puntuación de este verso y del anterior. Son posibles dos lecturas: la que siguen todos los editores menos uno, y que es la que también he adoptado en el texto; o la que estampó Sedano: «Ya, dulce amigo, huyo y me retiro: / de cuanto simple amé rompí los lazos». Conviene, sin embargo, contrastarlas a la luz de los manuscritos. Como es bien sabido, en los manuscritos la puntuación es casi siempre insuficiente: en ellos la ausencia de puntuación se puede decir que carece de valor, pero su presencia sí lo tiene; un punto, una coma o un punto y coma señalan una voluntad de pausa, una evidente inteligencia del sentido, según el criterio del copista. Por eso, precisamente, hace mucha fuerza la coincidencia de seis manuscritos antiguos en señalar pausa después de «amé» (véase el Aparato crítico). Por otra parte, el corte de la estrofa resulta así mucho más excitante: la ruptura central del verso 203 refuerza el sentido de «rompí los lazos», ya casi un grito de victoria; además, el encabalgamiento del verso primero de esta estrofa última y el corte central del segundo, hacen resaltar la bella fluidez sentenciosa de los dos versos finales del poema.

205 De la *Epístola a Arias Montano* de Aldana (*Poesías*, 59): «Mas ya, merced del cielo, me desato; / ya rompo a la esperanza lisonjera / el lazo en que me asió con doble trato». Del mismo Aldana, *Octavas* *sobre el bien de la vida retirada* (*ibid.*, 93): «...no puede el tiempo en el cuidado / que está do muere el tiempo colocado». Los versos 190-192 y 202-205 recuerdan el final de la epístola a Felipe Ortega de Lomas Cantoral: «Si en esto pareciese que estoy loco, / y tú, que sabes más, hallares cosa / contraria del reposo y paz que toco, / me avisa, y donde no, si la envidiosa / fortuna, de mi bien, no lo estorbare, / yo seré presto allá, y a tan dichosa / vida conmigo irás si te agradare». Véanse las notas a los versos 66, 92 y 192.

BIBLIOGRAFÍA*

Alcina, Juan F., «Aproximación a la poesía latina del canónigo Francisco Pacheco», *Boletín de la Real Academia de Buenas Letras de Barcelona*, XXXVI (1975-1976), pp. 211-263.

Aldana, Francisco de, *Poesías*, ed. E. L. Rivers, Espasa-Calpe, Madrid, 1957.

Alonso, Dámaso, *La lengua poética de Góngora*, Anejos de la Revista de Filología Española, Madrid, 1935; reimpreso en [1978:9-240].

—, *Vida y Obra de Medrano*, I, CSIC, Madrid, 1948; reimpreso en [1974:135-453]; II, 1958, en colaboración con S. Reckert.

—, *Poesía española. Ensayo de métodos y límites estilísticos*, Gredos, Madrid, 1957; reimpreso en [1990].

—, «El Fabio de la *Epístola Moral*», en *Dos españoles del Siglo de Oro*, Gredos, Madrid, 1960; publicado primero como discurso de ingreso en la Real Academia de la Historia, en 1959.

—, «Manierismos por reiteración en Francisco de la Torre», en *Strenae. Estudios dedicados al profesor Manuel García Blanco*, Universidad de Salamanca, 1962, pp. 31-36.

—, *Góngora y el «Polifemo»*, Gredos, Madrid, 1967[5]; 3 vols..

—, «Il debito di Góngora verso la poesia italiana», en *Premarinismo e Pregongorismo*, Accademia Nazionale dei Lincei, Roma, 1973, pp. 9-31.

—, *Obras Completas*, III, Gredos, Madrid, 1974.

—, *Obras Completas*, V, Gredos, Madrid, 1978.

—, *Obras Completas*, IX, Gredos, Madrid, 1990.

Alonso Cortés, Narciso, «Jerónimo de Lomas Cantoral», *Revista de Filología Española*, VI (1919), pp. 375-388.

Argensola, Bartolomé Leonardo de, *Rimas*, ed., J. M. Blecua, Espasa-Calpe, Madrid, 1974; 2 vols.

Artigas, M., «Algunas fuentes de la *Epístola Moral*..., apuntadas por Menéndez y Pelayo», *Boletín de la Biblioteca Menéndez Pelayo*, VII (1925).

Astrana Marín, Luis, ed., Francisco de Quevedo, *Obras completas*, Aguilar, Madrid, 1932.

Blanco Suárez, P., *Poetas de los siglos XVI y XVII*, Junta para la ampliación de estudios, Madrid, 1923, 1933[+].

Campillo, Narciso, *Florilegio español*, Hernando, Madrid, 1885.

Campo, Agustín del, «Plurimembración y correlación en Francisco de la Torre», *Revista de Filología Española*, XXX (1946), pp. 385-392.

—, «Problemas de la *Canción a Itálica*», *Revista de Filología Española*, XLI (1957), pp. 47-139.

---

* El signo [+] identifica la edición, traducción, etc. a cuya paginación remiten las referencias hechas a lo largo del volumen.

Castro, Adolfo, *Poetas líricos de los siglos XVI y XVII*, I, Rivadeneyra Madrid, 1854.

—, *La 'Epístola Moral a Fabio' no es de Rioja. Descubrimiento de su auto: verdadero*, Cádiz, 1875.

Cortina: véase Manrique.

Cotarelo, Emilio, *Iriarte y su época*, Sucesores de Hernando, Madrid, 1897.

Cruz, Salvador, «La *Epístola Moral* y sus personajes en México», *Memo rias de la Academia Mexicana*, XXII (1976), pp. 122-138.

Cuervo, R. J., *Obras*, I, Bogotá, 1954.

Cherpack, Clifton C., «Some Senecan analogies in the anonimous *Epísto la Moral a Fabio*», *Modern Language Notes*, LXVIII (1953), pp. 157-159.

Díaz-Plaja, Guillermo, *La poesía lírica española*, Labor, Barcelona, 1937.

Díez Carbonell, Pilar, *Cancionero de Madrid*, Madrid, 1927, pp. 66-71.

Dionisotti, Carlo, «I capitoli di Machiavelli», en *Machiavellerie*, Einaudi, Turín, 1980, pp. 61-99.

Estala: véase Fernández, Ramón.

Esteve Barba, Francisco, *Biblioteca Pública de Toledo. Catálogo de la colec ción de manuscritos Borbón Lorenzana*, Góngora, Madrid, 1942.

Fernández, Ramón [seud. de Pedro Estala], *Colección de poetas españoles*, III, *Rimas de B. L. de Argensola*, Imprenta Real, Madrid, 1786. La *Epístola* se copia en las pp. 185-192.

—, *Colección de poetas españoles*, XVIII, *Poesías inéditas de Francisco de Rio ja y otros poetas andaluces*, Imprenta Real, Madrid, 1797. En las pp. 73-80 se reimprime la *Epístola*.

—, *Vocabulario de Cervantes*, Real Academia Española, Madrid, 1962.

Fernández Gómez, C., *Vocabulario completo de Lope de Vega*, Real Aca demia Española, Madrid, 1971; 3 vols.

Foulché-Delbosc, R. «Les manuscrits de l'*Epístola Moral a Fabio*», *Revue Hispanique*, VII (1900), pp. 248-250.

Gil y Zárate, A., *Manual de literatura: I. Principios de retórica y poética*, Madrid, 1842.

Gómez Hermosilla, José, *Arte de hablar en prosa y en verso*, Imprenta Real, Madrid, 1826; 2 vols.

González de Amezúa, Agustín, *Lope de Vega en sus cartas: Introducción al Epistolario de Lope de Vega*, Real Academia Española, Madrid, 1935-1941; 4 vols.

González Palencia, Ángel, «Correspondencia entre Cerdá y Rico y don Fernando José de Velasco», *Boletín de la Real Academia de la Historia*, CXXIV (1949), pp. 156-200.

Guillén, Claudio, «Sátira y poética en Garcilaso», en *Homenaje a Casal duero*, Madrid, 1972, pp. 209-233[+]; recogido en *El primer Siglo de Oro. Estudios sobre géneros y modelos*, Crítica, Barcelona, 1988, pp. 15-48.

Hermosilla: véase Gómez Hermosilla.

Herrera, Fernando de, *Poesías*, ed. V. García de Diego, Espasa-Calpe, Madrid, 1983[8].

Ijsewijn, J., «Neo-Latin Satire: *Sermo* and *Satyra Menippea*», en R. R. Bolgar, ed., *Classical Influences on European Culture. A. D. 1500-1700*, Cambridge, 1976, pp. 41-55.

—, «Laurentii Lipii Collensis. Satyrae V ad Laurentium Medicem», *Humanistica Lovaniensa*, XXVII (1978), pp. 18-19.

La Barrera, Cayetano Alberto de, *Poesías de D. Francisco de Rioja, corregidas con presencia de sus originales, añadidas e ilustradas con la biografía y la bibliografía del poeta*, Rivadeneyra, Madrid, 1867.

Lista, Alberto, *Colección de trozos escojidos de los mejores hablistas castellanos... hecha para el uso de la casa de educación sita en la calle de San Mateo de esta corte*, II, Imprenta de León Amarita, Madrid, 1821, pp. 256-263.

López de Sedano, *Parnaso Español*, I, Joaquín Ibarra y Antonio de Sancha, Madrid, 1768.

López de Toro, J., *Epístolas de Juan Verzosa*, Madrid, 1945.

Luna, Álvaro de, *Claras e virtuosas mujeres*, Bibliófilos españoles, Madrid, 1891.

Manrique, Jorge, *Cancionero*, ed. Augusto Cortina, Espasa-Calpe, Madrid, 1929.

Marchena, José, *Lecciones de Filosofía moral y Elocuencia, o Colección de los trozos más selectos de Poesía, Elocuencia, Historia, Religión y Filosofía moral, puestas en orden por...*, II, Pedro Beaume, Burdeos, 1820, pp. 564-569.

Mendíbil, Silvela, *Biblioteca selecta de literatura española o modelos de elocuencia y poesía*, IV, Burdeos, 1819, pp. 393-398.

Menéndez Pidal, Ramón, «El Cartapacio de Pedro de Lemos», *Boletín de la Real Academia Española*, I (1914), pp. 151 y ss.

Menéndez y Pelayo, Marcelino, *Las cien mejores poesías líricas de la lengua castellana*, Gowars & Gray, Londres y Glasgow, 1908.

—, *Obras Completas*, XLIX, Aldus, Santander, 1950; es el tomo VI de la *Bibliografía hispano-latina clásica*.

Millé y Giménez, J. e I., eds., Luis de Góngora, *Obras completas*, Madrid, Aguilar, 1932.

Montoto, Santiago, *Rodrigo Caro*, Real Academia Sevillana de Buenas Letras, Sevilla, 1915.

Pozuelo, Bartolomé, *Los poemas latinos del canónigo Francisco Pacheco*, tesis doctoral de la Universidad de Cádiz, 1989; las traducciones y citas de Pacheco se toman de esta edición.

—, «En torno al concepto de *sermo* en Horacio y los humanistas», en *I Simposio sobre Humanismo y Pervivencia del Mundo Clásico (Alcañiz, mayo de 1990)*, en prensa.

Quintana, Manuel José, *Poesías selectas castellanas... Recogidas y ordenadas por...*, I, Gómez Fuentenebro, Madrid, 1807.

—, *Tesoro del Parnaso Español*, F. Baudry, París, 1838.

Reichenberger, A. G., «Boscan's *Epístola a Mendoza*», *Hispanic Review*, XVII (1949), pp. 1-17.

Rico, Francisco, *El pequeño mundo del hombre*, Castalia, Madrid, 1970; reed. corregida y aumentada, Alianza, Madrid, 1986, 1988².

Rioja, Francisco de, *Poesías* (véase Castro, 1854:375-389).

Rivers, Elias L., «The Horatian Epistle and its Introduction into Spanish Literature», *Hispanic Review*, XXII (1954), pp. 175-194.

Rodríguez Marín, Francisco, *Nuevos datos para las biografías de cien escritores*, Tipografía de la Revista de Archivos y Bibliotecas, Madrid, 1923.

Salcedo Coronel, García, *Segundo tomo de las obras de Góngora*, Diego Díaz de la Carrera, Madrid, 1645.

—, *Segunda parte del tomo segundo de las obras de... Góngora*, Diego Díaz de la Carrera, Madrid, 1648.

Tomé, Eustaquio, *La 'Canción a las ruinas de Itálica' y la 'Epístola Moral'*, Imprenta de *El Siglo Ilustrado*, Montevideo, 1924; 1944⁺.

Toussaint, Manuel, *Discursos Académicos (Memorias)*, XV, Méjico, 1956.

Villoslada, Ricardo G., «El poeta neolatino Fernán Ruiz de Villegas», *Humanidades*, VI (1954), pp. 21-42.

Weiss, Arnold H., «Metáfora e imagen en la *Epístola moral a Fabio*», *Clavileño*, XIII (1952), pp. 13-16.

ÍNDICE DE NOTAS

TABLA

BIBLIOTECA CLÁSICA

Los volúmenes ya publicados llevan indicados los autores
de la edición y del estudio preliminar.